사랑하는
사람을
먼저 보낸 네 사람의 이야기

사랑하는
사람을
먼저 보낸 네 사람의 이야기

기획·진행 이영남
자작나무 에세이 모임

푸른역사

삶의 언어를 말하다

상실이 상실을 낳는다

소위 자살위험군이라는 것이 존재한다면 과연 누가 자살위험군인가? 통계는 다양한 위험 요소가 있다고 이야기한다. 남자, 돈이 없는 사람, 몸이 아픈 사람, 결혼하지 않고 혼자 사는 사람, 늙은 사람, 정신질환이 있는 사람 등. 그렇지만 통계는 '항상' 틀린다. 이런 위험 요소를 다 가지고 있어도 자살하지 않는 사람도 있고, 반대로 하나도 가지고 있지 않은 사람도 자살을 하기 때문이다. 예외 없이 모든 것을 설명할 수 없다면 '항상' 틀린 것이라고 봐도 무방하다. 예외적인 그 한 명이 바로 나의 가족일 수도 있기 때문이다. 그렇기 때문에 자살은 사회적 문제에 기인한다는 말은 옳으면서도 동시에 틀린 것이다. 결정적 순간 자살을 결심하는 사람들은 살고 있는 사회적 환경 속에서의 개인적 경험에 기인하는 것이다. 그 개인적 경험은 무엇일까? 그것은 상실이며, 결국 자살을 생각하는 사람들은 상실을 경험한 사람들이다.

사랑하는 사람과의 사별, 돈과 연관된 경제적 지위 또는 사회적 역할의 상실, 건강의 상실과 이에 동반되는 직업의 상실, 또 그 상실과 연관되는 관계의 상실 등 상실은 독립적으로 존재하지 않고 상호 밀접하게 연관되어 있다. 또한 동일해 보이는 사건이어도 각자의 가치관에 따라 그 상실의 의미는 다르다. 건강을 잃음으로써 직장을 그만두게 된다는 하나의 상황은, 경제적 가치가 중요한 사람들에게는 의료비용과 실업으로 인한 수입 감소가 중요한 상실적 요소가 될 것이며, 관계적 가치가 중요한 사람들에게는 돈 그 자체보다는(물론 돈도 중요하지만) 사회적 역할을 제대로 수행하지 못하고 주변 사람들에게 인정받을 기회가 없어졌다는 자기애적 상실감이 더 크게 작용할 것이다.

이렇듯 상실을 경험한 사람들은 변화를 겪게 된다. '아니야 그럴 리 없어'라고 부정하는 반응을 보이며 이곳저곳 병원 쇼핑을 통해 결코 자신의 건강이 상실된 것이 아니라는 것을 확인하려 한다. 그리고 나면 '왜 하필 나야, 하늘이 너무 무심한 거 아니야'라며 화를 내게 된다. 화의 감정이 향하는 방향은 불명확할 때도 많다. 그냥 화가 나고 분노감이 치솟는 것이다. 그러다가 '어떻게 되겠지'라면서 타협하는 반응을 보이기도 하고 결국 우울해지게 된다. 이러한 과정을 보통 '정상화 반응'이라고 이야기한다. 즉, 이런 반응이 없으면 그게 이상한 것이라는 의미이다. 상실이란 무릇 그것이 뭐가 되었건 나에게 중요한 것(사람)을 잃어버린 것을 말한다. 중요한 것(사람)을 잃었음에도 아무렇지 않다면 그것이 중요한 것이 아니었거나 아니면 내가 이상한 것, 이 둘 중에 하나인 것이다. 이런 정상화 반응의 마지막은 '수용, 받아들임'이다. 체념이 부정적 의미가 있는 것이라면 수용과 받아들임은 건강한 의미이다. 미국의 유명 작가 필립 로스의 소설 《에브리맨》의 마지막 구절에 다음과 같은 말이 나온다.

"그는 이제 없었다. 있음에서 풀려나."

있음에서 없음으로의 변화를 받아들일 수 있는 마음의 상태가 될 수 있다면 그 사람은 온전히 상실의 경험을 극복한 것이라고 볼 수 있다. 이런 과정을 거쳐 만나게 되는 것은 새로운 자기이다. 중요한 것(사람)을 떠나보내고도 온전히 서 있을 수 있는 새로운 나를 만나는 것이 애도의 과정이며 이를 통해 나를 재정비하는 기회를 가질 수 있게 되는 것이다. 애도란 과거의 나를 죽이고 새롭게 태어나는 것을 말한다. 과거의 나를 죽이기 위해서는 슬퍼하기로 시작해야 한다. 다른 방법은 없다. 슬픔은 감추려고 한다고 감춰지는 것이 아니다. 매우 섬세하면서 강렬한 특성이 있는 슬픔은 누르려 할수록 더 튀어 오르려 하는 용수철과 같다. 튀어 오르지 않게 하려고 언제까지 계속 누르고 있을 수는 없으며 계속 누르고 싶다고 눌러지는 것도 아니다. 해결되지 않은 슬픔은 마음속의 화약고와 같아서 언젠가는 터지고 만다. 충분히 슬퍼하기가 그래서 중요하다. 치유란 상실로 인한 상처를 지우는 것이 아니라 슬퍼하기로 시작하는 애도의 과정을 거쳐 받아들이는 것이다. 상실로 인한 상처를 지우기 위해 혼자되는 것을 선택하고 술에 취함을 선택하고 또 다른 관계를 만들기 위해 몰입하고 맹목적으로 일에 매달리는 것은 치유의 길이 아니다. 상한 음식을 먹고도 몸이 온전할 리가 없다. 토해 내건 설사를 하건 밖으로 배출해 내야만 한다. 상처를 입은 마음도 마찬가지다. 눈물로 말로 토해 내야 하건만 잊어버리려 다른 것에 몰입하며 회피하곤 한다. 의식적 기억에 떠오르지 않는다고 망각한 것은 아니다. 상처받은 기억은 깊은 무의식 속에서 우리의 마음을 조금씩 갉아먹게 되며 지금, 그리고 앞으로의 삶을 과거에 묶어 놓고 새로운 자기를 발견하지 못하게 하는 것이다.

 슬퍼하기로부터 시작되는 정상적 애도 과정을 거치지 못하게 되면 부정적 변화의 늪에 빠지게 된다. 부정적 변화란 다양한 형태로 나타날 수 있겠지만, 이를 한마디로 요약하면 삶을 바라보는 태도와 생각이 부정적으로 바뀌는 것을 말한다. 내가 살고 있는 세상이 결코 안전하고 호의적이지 않으며, 내가 살아갈 미래가 결코 희망적이지 않고 의미가 없으며, 세상을 살아가는 나 자신이 초라하고 가치 없다고 여

기는 것을 말한다. 이런 생각과 삶에 대한 태도를 가지고 과연 인생을
제대로 살아갈 수 있을까? 소위 자살위험군이라는 것이 존재한다면
누가 과연 자살위험군인가, 라는 질문에 다시 대답한다면 그 대답은
다음과 같다.

"세상 어느 누구나, 상실을 경험한 사람들이 심정적, 행동적 변화를
지속적으로 보이게 되면 그것이 자살 위험 징후일 수 있다."

자살유가족을 또 다른 자살위험군으로 바라보는 것에 대한 시선은
곱지 않다. 어감부터 싫다. 자살의 '자' 자도 듣기 싫은데, 누군가 자신
을 또 다른 자살위험군으로 바라보는 일은 영 마땅치 않은 것이다. 그
러나 어쩌면 그것은 자살유가족들을 아프게 했던 사회의 편견적 시선
을 스스로에게 다시 적용하는 것이라고 할 수 있다. 누구에게 떳떳이
내놓고 이야기하지 못했던 아픔, 암으로 사고로 가족을 잃었을 때 당
당히 누릴 수 있는 주변의 위로를 경험하지 못한 고통, 사랑하는 사람
을 온전히 떠나보내는 데 있어 자신이 믿는 종교적 의식을 통해 도움
을 받을 수 없는 상황 등 자살에 대한 사회적 인식은 마치 가시와 같이
자살유가족을 찌르고 있다. 그런데 자신을 자살고위험군이라고 하다
니. 그러나 자살로 가족을 잃은 사람들이 다시 자살로 생을 마감하는

경우는 심심치 않게 볼 수 있으며 굳이 주변에서 찾지 않더라도 자살 유가족들은 거의 누구나 삶에 대해 심히 회의적이 되었던 적이 있음을 보고하고 있는 것으로 보면 자살 위험성이 없다고 말하기는 어렵다. 이는 어쩌면 너무나 당연한 것이다. 상실로 인한 고통에서 빠져나오지 못하고 삶의 패턴이 변화된 사람들을 자살위험군이라 한다면, 가족의 자살로 인한 상실감을 경험한 사람들이 자살로부터 안전하다고 말하는 것은 또 다른 형태의 회피가 아닐까? 수용과 받아들임의 범주에는 슬픔이라는 감정 처리, 있었던 존재의 없음이라는 상황적 변화의 측면 뿐 아니라 상실을 경험한 나 스스로가 일정 수준 취약해져 있음을 인정하는 것도 포함되어야 할 것이다. 상실은 또 다른 상실을 낳을 수 있다. 상실을 경험한 사람들은 주변의 위로를 충분히 받을 권리가 있고 받아야 한다. 자살유가족들의 심리적 고통은 어쩌면 상실의 상처와 더불어 외부적, 내부적 편견이라는 벽에 막혀 필요할 때 충분히 위로를 받지 못함으로써 더 커진다고 볼 수 있다.

생각으로 슬퍼하지 말고 말로 슬퍼하자

　　　　　　　　　　　동병상련同病相憐이란 말은 '같은 병을 앓는 사람들끼리 서로 가엽게 여기고 돕는다' 라는 뜻을 가지고 있다. 같은 경험을 한 사람보다 그 아픔을 더 잘 이해하는 사람은 없을 것이다. 그래서 세상에는 매우 다양한 자조 모임이 존재한다. 피해자 자조 모임과 같이 동병상련의 의미와 함께 세상을 향해 억울함의 목소리를 내기 위한 연대적 의미의 자조 모임도 있으며, 순수하게 서로 위로하고 격려하며 돕는 취지에서의 모임도 있다. 익명의 알코올중독자 자조 모임Alcoholic Anonymous(AA 모임) 같은 것이 한 예라고 할 수 있다. 각기 다른 생활환경에서 각자 다른 방식과 가치관을 가지고 살아왔던 구성원들은 알코올 중독이라는 공통적 요소로 모이게 되고 정해진 의식과 방법을 통해 서로의 아픔을 치유하고 회복을 격려하기에 힘쓰게 되는 것이다. 자살유족Suicide Survivor의 경우도 마찬가지다. 각기 다른 생활환경에서 각자의 삶을 살던 사람들이 공통적으로 경험한 것은 사랑하는 가족의 자살로 인한 상실이다.

　서울시자살예방센터의 '자작나무' 프로그램은 2008년부터 이렇게 공통된 경험을 한 사람들이 한데 모여 동병상련의 장을 만드는 것에서 시작되었다. 동병상련의 장에 교육 프로그램이 더해지고 일정 시간 이상 모임에 참여한 사람들을 중심으로 리더 모임이 구성되었으며, 2013년에는 에세이 모임이 만들어져 에세이 북까지 출간하게 되었다. 1년에 약 100여 명이 넘는 유족들이 서울시자살예방센터의 문을 두드리고 그중 약 80퍼센트의 유족들이 우리와 이야기를 시작하였으며 그중 다른 유족들과 만나서 이야기할 마음의 준비가 된 사람들이 자작나무에 참여하고 있다. 자작나무 모임은 매월 둘째 주 목요일 저녁 강남의 모처에서 열리고 있다. 만나서 이야기하는 것은 치유에 있어 중요하다. 이야기 중에서도 자신의 이야기를 하는 것이 중요하다. 애도 과정의 시작은 슬퍼하기라고 하였다. 그런데 중요한 것은 생각으로 슬퍼하지 않고 말로 슬퍼하는 것이다. 생각으로만 슬퍼하고 있다는 것은 혼자 있음을 의미하며 말로 슬퍼한다는 것은 들어줄 상대가 있음을 의미한다. 누군가 들어줄 상대가 있다는 것은 그 자체만으로도 치유적 요소를 가지고 있다. 가까운 누군가에게 이야기하기가 어려운가? 그렇다면 자작나무의 문을 두드려 보자.

자작나무의 또 다른 치유적 요소는 행동이다. 감정은 스스로 조절하기 어렵다. 생각도 마찬가지다. 어느 심리 실험에서 특정 단어를 이야기해 준 뒤, 그 단어를 절대로 생각하지 말라고 하였을 때 오히려 그 단어를 더 자주 떠올리게 되었다는 결과는 우리 스스로 마음속에 떠오르는 생각과 상념을 조절하기가 매우 어렵다는 것을 간접적으로 보여준다. '생각하지 말아야지' 할수록 더 생각나는 경험은 누구나 해보았을 것이다. 나를 괴롭히는 부정적 생각, 그 생각으로 인한 부정적 감정, 이렇듯 생각과 감정은 우리가 조절하기 쉽지 않다. 그렇지만 행동은 다르다. 행동은 우리 스스로 통제할 수 있다. 집 안에만 있지 않고 산책을 나가는 행동, 음악을 들으며 운동을 하는 행동, 누군가를 만나는 행동, 어느 모임에 참여하는 행동 등 마음이 피폐해져 있는 상황에서 그런 행동을 실천한다는 것이 결코 쉽지만은 않겠지만 그래도 가능성이 있다. 자작나무 모임에 정기적으로 나오는 일, 1년에 두어 번 1박 2일로 캠프에 참가하는 일, 나의 역사쓰기에 참여하는 일, 기분 전환을 위해 수목원에 함께 가는 일 등 일련의 활동에 참여하는 것은 그 자체만으로도 힐링의 효과가 있다. 그런 행동들을 통해 흉터는 흔적으로 자리 잡을 수 있게 된다. 잊지 말자. 행동은 우리 스스로 통제할 수 있는 것이다!

삶의 언어를 말하다

　　　　　　　　　자작나무에서 우리는 더 이상 죽음을 말하지 않는다. 마음이 찢어지는 고통을 이야기하지만 그 끝에는 희망을 이야기한다. 함께 이야기하는 것이 또 다른 아픔이라고 생각할 수도 있겠지만 그것은 처음 칼에 찔리는 고통이 아니라 성형외과 의사가 흉터 복원을 위해 들이대는 메스로 인한, 마취하에서 진행되는 참을 수 있는 따가움이 된다. 이제는 아물기만 기다리면 되는 것이다. 《왜 사람들은 자살하는가?》라는 책에서 토마스 조이너는 아버지를 자살로 잃은 고통에 대하여 다음과 같이 이야기하고 있다.

"내 심연에는 아직도 깊은 슬픔의 우물이 남아 있다. 하지만 그 슬픔
은 이제 보다 일반적인 성격을 띤다. 다시 말해서 내 아버지에 한정
된 것이라기보다는 바로 내일이면 또다시 전 세계 2,500 가정에서
사랑하는 사람을 자살로 잃는, 여러 해 전 우리가 겪었던 그 아픔이
재현될 것을 생각하면서 가슴 아리는 슬픔을 느끼는 것이다."

근거와 가치의 공존

1995년 정신보건법이 제정
되고 정신보건센터가 운영되기 시작하였다. 초창기 정신장애인에 대
한 재활과 회복을 중점적으로 지향하던 지역정신보건사업은 점차 그
폭을 넓혀 가게 되었고 2005년 1월 현재의 서울시정신보건센터의 시
작과 함께 지역사회 기반의 자살예방사업을 전개하게 되었다. 우연의
일치일까? 센터가 출범한 지 채 한 달도 안 된 2005년 2월 배우 이은주
씨의 자살로 인해 서울시정신보건센터의 자살예방사업은 세상의 주목
을 받게 된다. 당시 공공사업 영역에서 최초로 24시간 핫라인상담업무
를 수행하였고 한강으로 아파트 단지로 호텔로(동반자살하겠다는 커플에

대한 신고로 말미암아) 응급 출동을 일삼던 서울센터의 위기관리사업에
대한 언론의 관심은 대단하여 하루가 멀다 하고 취재를 나왔던 기억이
난다. 심지어 《타임스》, 《뉴욕 타임스》 그리고 독일 TV 방송에서도 취
재를 나왔다. 그리고 또 다른 우연의 일치일까? 2008년 10월 최진실 씨
의 자살로 서울시정신보건센터의 위기관리팀은 자살예방센터로 확대
개편된다. 당시 안재환, 최진실 씨의 연쇄적 자살 사건은 너무나 큰 사
회적 파장을 불러왔다. 이은주 씨 때도 마찬가지였지만 최진실 씨 자
살 이후 자살 사망자는 전 달 대비 약 두 배에 이를 정도로 그 후폭풍은
심각하였다. 이때부터 서울시자살예방센터의 자살유가족사업이 시작
된다. 핫라인상담과 응급 출동, 그리고 응급 개입을 중점적으로 수행
하던 것에서 유족들에게까지 관심의 폭을 넓히게 된 것이다.

　개인적으로는 지역정신보건사업에 뛰어든 것이 2000년 10월이니
이제 만 14년이 지난 셈이다. 최근 들어서는 지난 14년간 무엇을 했나,
라는 생각을 자주 한다. 무엇을 했나, 라는 생각에 대한 대답은 언제
나 다음의 질문으로 귀결된다. '정부 예산을 허투루 쓴 것은 아닌가?',
'내가 그리고 우리 센터에서 기획한 이 사업이 효과가 있다고 검증된
것인가?', '내가 하고 싶다고 하는 게 아니라 꼭 해야 할 일을 했었던
것인가?', '그 일들이 충분히 성과를 보였던가?', '광역센터로서 다른
기관들에게 모범을 보였던가?' 이런 질문을 한마디로 요약하자면 바

로 근거 중심의 사업Evidence-Based Practice을 했는가다. 개인 사업자가 아닌 국가 예산을 사용하는 공공사업 분야에 종사하는 사람들은 언제나 이 질문을 가슴속에 되새겨야 한다고 생각한다. 응급 상황에 얼마나 적절하게 개입했는지, 개입한 대상자에게 필요한 서비스를 제공했는지, 그들은 우리 서비스에 만족했는지, 일회성 개입으로 끝나는 것이 아니라 나중에 그분들이 어떻게 지내고 있는지까지 확인하고 있는지, 우리 센터뿐 아니라 서울의 모든 지역정신보건센터와 의료기관까지의 연장선상에서 시스템이 정상적으로 가동되고 있는지 등에 대한 관심이 그것이다. 이렇게 공적 영역에서 수행해야만 하는 사회적 책임성을 강조하고 시스템을 중요하게 생각하다 보니 어떤 면에서 서울센터의 사업 내용들은 다소 '딱딱해 보이는' 경향이 있다. 그렇지만 효과적으로 돌아가는 시스템은 따지고 보면 내담자에게 건네는 상담자의 따뜻한 관심과 경청으로부터 시작된다. 어느 누구도 삭막하게 응대하는 상담자에게 자기 이야기를 하려고 하지 않을 것이다. 심지어 삶과 죽음의 기로에서 고민하는 사람들은 말할 것도 없다. 대상자들이 시스템에 들어오지 않는다면 그 시스템은 아예 가동될 수가 없다. 결국 근거를 창출하기 위해서는 가치value가 선행되어야 하는 것이다. 모든 상담에 있어 사람을 존중하고 생명을 사랑하는 가치적 요소가 선행돼야 함이 맞지만 특히 센터사업에 있어 가치적 측면을 부여하고 있는 영역이 바로 자살유족지원사업이다. 자살유족지원사업을 기획하는 데 있어서는 숫자보다 의미를 우선하게 된다. 자작나무 모임에 몇 명이 모였는지는 별로 중요하지 않다. 그 안에서의 상호작용의 결과가 중요할 뿐이다. 가치적 측면에서의 대표적인 예가 바로 에세이 북이다. 에세이 북에서 이야기하고 있는 가치는 숫자로 환산하기 어렵다. 굳이 숫자를 거론하자면 몇 명이 읽었느냐가 될 터이지만 그것은 실적으로서의 의미가 아니라 최대한 많은 사람과 이 가치를 나누고 싶은 소망 때문이다.

Voice of Life

자살예방을 표방하는 비영리민간단체 '라이프'의 캠페인 슬로건은 '사람을 살리는 말Voice of Life'이다. 정신보건과 자살예방사업을 하면서 최근 가지게 되는 고민 중 하나는 어떻게 하면 당사자의 목소리를 이 세상에 들려줄 수 있는가다. 우리가 삶을 말하는 데 있어 그 우리가 과연 누구인가의 문제이다. 물론 모두가 우리가 될 수 있다. 여러 분야의 전문가도 일반 시민도 정치인도 공무원도. 모두가 희망의 메시지를 담은 삶의 목소리를 낼 수 있고 의미도 있다. 그렇지만 정작 직접 경험하고 있는 사람들의 목소리를 듣기는 쉽지 않다. 정신장애인 당사자와 그 가족들이 이 사회에 하고 싶은 이야기를 전달할 채널이 거의 없는 것과 마찬가지로, 자살 유가족들의 이야기를 담아낼 방법도 마땅치 않다.

물론 서점에는 과거의 자살 시도 경험을 소재 삼아 각종 힐링의 메시지를 풀어내는 이야기꾼들의 저작이 적지 않으며, 여러 연예 프로그램에서는 연예인들이 과거 자살 시도 경험을 눈물과 함께 이야기하는 모습을 쉽게 볼 수 있다. 그렇지만 그 이야기들의 결말은 대개 그런 어려움을 극복하고 현재 나는 성공했다는 이야기로 귀결되는 경향이 있다. 어떤 생각과 감정의 흐름이 있었는지는 정확히 알 수 없다. 그리고 그런 회고를 통해서 사회에 어떤 메시지를 던지고자 하는 것인지도 불명확하다. 〈힐링캠프〉에서 차인표 씨가 한 말이 있다. "연예인들의 자기 노출식 자살 시도 경험은 절대로 방송에서 이야기하면 안 된다." 그 말에 전적으로 동의한다. 어려웠던 과거를 상징적으로 표현하는 방식으로서도 적절치 않다고 생각하며 더 중요한 것은 유사한 어려움을 경험하고 있는 사람들에게 자살 시도를 미화적으로 보여 줄 수 있기 때문에 바람직하지 않다. 이야기를 하려면 기승전결이 있어야 하고 유사한 어려움을 경험하고 있는 사람들이 읽거나 듣고서 충분히 공감하여 자신의 상황에 긍정적으로 적용할 수 있어야 한다. 왜 꼭 긍정적이고 희망적이어야 하냐 하면, 인간 본능과 예술성이라는 미명하에 어둠과 죽음의 측면은 이미 충분히 문화적 상품으로 유통되고 있기 때문이다.

자살유족의 이야기는 그런 면에서 자기 성찰적이다. 비단 자살뿐 아니라 사별 등 모든 상실의 경험에 대하여 공히 적용할 수 있다. 처한 상황만 다르지 누구나 자신의 상황에 대입해서 적용할 수 있다. 정신과적 전문 치료 이외에 경증의 우울증에 효과가 있다고 알려진 독서요법bibliotherapy과 같이 자살유족의 이야기를 통한 간접 경험은 독자에게 자기성찰적 기회를 제공하게 된다. 또한 자살유족의 이야기는 이 경험이 비단 특수한 누군가에게 국한된 것이 아니라 매우 보편적이라는 것을 알 수 있게 하며 보편성은 편견을 해소하는 데 도움이 된다. 결국 자살유족의 이야기는 이후의 또 다른 자살유족들의 치유를 위한 보다 우호적인 사회 환경 조성에 도움을 주게 될 것이며 자살이 완전히 없어지지는 않겠지만 그로 인한 폐해는 훨씬 줄어들 수 있을 것이다. 그런 희망을 가지고 자살유족들이 말하는 삶의 언어에 오늘도 귀를 기울이게 된다.

이명수(정신과 전문의, 서울시자살예방센터장)

자작나무 모임
자살유족의 작은 희망 나눔으로 무르익다

　한국 사회에서는 자살자에 대한 사회적인 편견으로 인해 남아 있는 유족들은 자살을 사실대로 이야기하기 어려워 거짓말을 하거나, 소극적이고 급속하게 진행되는 장례로 인해 슬픔을 나눌 기회를 박탈당하고 위로받을 수 없게 된다. 막상 도움을 찾기 위해 자살유족과 관련된 정보를 찾아보아도 직접 찾아가 이야기를 꺼내기까지 사회적 편견 및 고인에 대한 죄책감으로 많은 시간이 걸린다.
　자살은 남겨진 유족들에게 이루 말할 수 없는 충격과 고통, 그리고 상처를 남기게 된다. 또한 부정, 우울, 무력감, 수치심, 죄책감 등의 감정들을 경험하는 '애도 반응'을 겪게 되는데, 애도 반응은 의미 있는 애정 대상을 상실한 후에 따라오는 마음의 평정을 회복하는 정신 과정으로서 정상적인 감정이므로 충분히 표현되는 것이 중요하다. 정상적인 애도 과정을 표현하지 못하고 심리적 어려움이 지속되면 우울증 등 정신과적 어려움으로 연결되기도 하므로 자살유족의 심리적 지원 서비스는 반드시 필요하다.

　서울시자살예방센터에서는 자살유족의 자살로 인한 추가 피해를 예방하고 심리적 어려움으로부터 스스로 회복할 수 있도록 돕기 위해 2008년부터 자살유족 서비스를 제공하고 있다. 자살유족 서비스는 '자살유족의 작은 희망 나눔으로 무르익다'(이하 '자작나무')라는 자살유족 모임을 비롯하여 개별 애도 상담, 에세이 모임, 관계 회복 캠프 등이 있으며 이들을 유기적으로 제공하고 있다. 같은 경험을 한 사람들과 감정을 충분히 표현하며 서로 공감하고 이해받을 수 있는 자조 모임은 '참여'만으로도 유족들에게 큰 위로와 힘이 될 수 있다. 특히 '자작나무'를 통해 유족들은 서로의 경험을 듣고 회복하는 방법을 공유하게 되는데 슬픔에 대해 자유롭게 표현하고 수용할 수 있으며, 두려움과 걱정에 대해 함께 의논하고, 고통과 슬픔에 대처하는 방법을 나눌 수 있다. '자작나무' 모임은 총 6회기 프로그램으로 1) 자작나무 모임 안내 및 유족의 심리 2) 자살, 그 허무함에 대하여 3) 심리적 외상의 이해와 치료 방법 4) 유족과 열린 나눔 5) 외부 강사 특강 6) 외부 활동 등을 주제로 다양하게 구성되어 있다.

　특히, 2013년부터는 자조 모임을 통해 리더로서 훈련받은 유족이 새로이 모임에 참여하는 유족에게 정서적 지지자로서의 역할을 보다 적극적으로 할 수 있도록 독려하고 있는 '유족 중심의 자조 모임'으로 진행되고 있어 그 의미가 더 크다.

자작나무 모임에 지속적으로 참여한 성원은 "결코 끝나지 않을 것만 같은 고통의 시간을 보내면서 비슷한 아픔을 겪는 사람들과 함께 상처를 어루만지면서 아픔을 이겨내고 있다"며 "홀로 견디기에는 너무나 큰 아픔인 만큼, 그 아픔을 공감할 수 있는 사람들과 고통을 나누기를 조심스럽게 권하고 싶다"고 이야기하였다.

'자작나무' 정기 모임은 매월 둘째 주 목요일 오후 7시에(월 1회) 실시되고 있다. 월평균 10~12명의 유족이 참여하고 있다. '자작나무'와 관련하여 참여나, 보다 자세한 사항을 안내 받기를 원한다면 서울시자살예방센터로 연락을 희망한다(마음이음 상담전화 1577-0199).

23

차례

프롤로그
자작자작 자작나무 타는 소리에서 길어 올린 희망

과거에 무슨 일이 있었느냐보다는 그것을 어떻게 이해하고 정리하느냐가 중요하다. 사랑하는 사람을 먼저 떠나보낸 사건을 어떻게 이해하고 정리할 수 있을까? 자작나무 에세이 모임은 글, 대화, 그리고 여행과 초청 행사로 시도해 보았다. 글을 써 온 사람은 낭독했다. 다른 성원들은 귀 기울여 들었다. 이후 깊이 있는 대화를 나누었다. 에세이 모임은 매번 이렇게 진행되었다. 모임 중간에 여행을 함께 떠났다. 여행에서 돌아와서는 이야기를 정리했다. 이야기를 정리하면서 들어줄 사람을 떠올렸고 들어달라며 발표회 자리에 초청했다. 3개월 동안 함께했던 사람들, 그리고 초청장을 들고 자리를 함께했던 사람들이 모였다. 모두 역사의 증언자가 되어 주었다. 사랑하는 사람을 먼저 보낸 고통을 이해하고 정리할 수 있는 시간이었다.

글 작업은 세 개의 세션으로 진행되었다.

처음에는 연대기를 썼다. 태어나 지금까지 살아오면서 마음 아픈 사건으로 기억되는 것들을 꺼내 썼다. 사랑하는 사람을 먼저 떠나보낸 사건 말고도 인생에는 기억하고 싶지 않은 것들이 많았다. 세상사 자기에게 불리한 정보를 말하지 않는 게 상책이라고 한다. 굳이 들춰내서 말한다는 것이 무슨 의미일까?

1839년, 사진이 발명되었다. 인류는 사진을 찍기 시작했다. 그 후 이런 변화가 생겼다. "잡동사니, 눈에 거슬리는 것, 폐품, 기이한 물건, 저속한 것들이 피사체가 되었으며 이런 삶의 잡동사니가 이제는 역사의 무대에 오르기 시작했다"(수전 손택).

들추고 싶지 않은 것들을 꺼냈다. 벌써 오래전에 저쪽 보이지 않는 곳에 처박아 두었던 잡동사니가 역사의 무대에 오르기 시작했다. 역사를 쓰는 순간 누구나 역사가다. 역사가로 변신한 한 사람 한 사람이 그렇게 역사의 무대에 올랐다.

처음이라 긴장되기도 했다. 그래도 연대기 형식으로 써 온 글을 낭독했다. 낭독이 끝난 후에는 긴 대화를 나눴다.

연대기를 펼쳐 놓은 후 매력을 찾는 작업을 했다. 매력은 역사를 이끌어가는 힘이다. 누가 뭐래도 내 나름의 삶이 있다. 시대의 중력은 우리를 짓누른다. 그러나 지금 여기에 이른 것은, 고비마다 시대의 중력에 맞서 하나씩 선택해 걸어왔기 때문이다. 역사가 있는 사람에게는 역사를 이끌어 온 힘, 매력이 있다.

매력은 홀로 쓰지 않았다. 그에게 어떤 일이 있었는지는 그 자신만
이 알고 있으므로 연대기는 혼자 써야 한다. 그러나 매력은 잠시 잠깐
이라도 함께 자리를 했던 사람이라면 볼 수 있다. 매력을 찾기 위해 서
로가 도움을 주었다. 내가 보기에 당신 매력은 이것인 것 같은데요. 여
러 명이 한 사람에게 매력을 말해 주었다. 매력은 그 자신만의 자의적
인 해석에서 나오지 않았다. 공동체 작업을 통해 자기를 상대화할 수
있었기 때문이다.

우리는 자기 생각대로 다른 사람을 함부로 평가할 때가 있다. 잘 알
지도 못하면서 그럴 때가 있지는 않은지? 자작나무 에세이 모임에서
는 다른 경험을 했다. 모임 성원들은 시종일관 한 사람 한 사람이 어떻
게 살아왔는지를 찬찬히 들었다. 함부로 평가하지 않았다. 역사를 접
한 후에야 비로소 그이에게 말을 건넸기 때문이다.

누구에게나 잘났든 못났든 여기까지 자신을 이끌어 온 힘이 있다.
그것을 매력이라 이름 붙이고는 매력에 대해 말해 보는 시간이었다.
예상은 빗나가지 않았다. 그이만의 고유하고 독특한 뭔가가 있었다.

매력을 짚는 것은 역사적 평가를 내리는 작업이기도 하다. 같이 작
업을 했던 10명 가까운 사람들이 평가를 내려 주었다. 받아들이는 사람
도 말하는 사람도 함부로 평가된다는 느낌은 없었던 것으로 기억된다.

내가 그랬나? 살면서 자기 자신은 미처 인식하지 못했던 것을 함께 작업한 사람들은 볼 수 있었다. 오히려 자신을 보다 깊이 성찰할 수 있는 시간이 되었던 것 같다.

마지막에는 이야기를 만들었다. 구슬이 서 말이어도 꿰어야 보배다. 앞서 연대기와 매력을 말했지만, 그것을 두고 역사라 말하기는 어렵다. 자작나무 에세이 모임에서 했던 것은 '이야기 역사'였다. 한 개인의 경험이든 사회적 집단적 경험이든 이야기 형식에 담지 않으면 공유할 수 없다. 마지막 시간은 이야기 형식에 역사를 담는 시간이었다.

이야기 만들기 과정은 다음과 같았다. 별도의 장소에서 참가자와 임상역사가의 1:1 대화가 있었다. 연대기와 매력을 토대로 이야기 주제와 줄거리를 얘기하기 위해서다. 집으로 돌아간 참가자는 주제와 줄거리를 잡은 후에 이야기를 썼다. 다시 전체가 모였다. 써 온 이야기를 함께 나누면서 이야기 방향과 내용, 폭을 같이 의논했다.

이야기 중심에는 심장에 남은 사람이 있었다. 언제나 잊을 수 없는 사람. 그러나 그 사건이 전부는 아니었다. 심장에 남은 사람, 그리고 그 사건을 품을 수 있는 더 큰 그릇이 필요함을 알 수 있었다. 이런 목표로 이야기를 완성했다.

글 작업을 마무리했지만 아직은 끝이 아니다. 더 중요한 것이 남았다. 예를 들어, 필름과 영화는 서로 다르다. 편집이 완료된 필름이더라도 영화관에서 상영되지 않으면 영화가 될 수 없다. 이야기를 다 썼다고 해서 역사가 완성된 것은 아니었다. 역사를 완성하기 위해 상영회가 필요했다.

상영회는 '화양연화(인생의 아름다운 한때)' 라는 이름으로 진행되었다. 사람들이 하나 둘 모였다. 서울시자살예방센터 관계자들과 초청받은 사람들이 꽃을 들고 왔다. 한 사람 한 사람 진심 어린 마음을 담아 꽃을 선물했다. 그날은 가슴에 꽃을 달고 무대에 오르는 날이었다.

무엇이 잘났다고 공개된 무대에 오를 것이며 꽃까지 들고 그런단 말인가. 아니다. 잘 나서가 아니라 말하기 위해서 무대에 올랐다. 말해야 할 것이 있었다. 지금 말해야 할 이유가 있어서 응원을 받으며 역사의 무대에 서는 용기를 낼 수 있었다.

화양연화는 작은 향연이었다. 밴드 '게으른 농부' 의 축하공연이 있었고, 작가 김형경도 참석해서 자리를 빛내 주었다. 서울시자살예방센터 직원들도 시종일관 자리를 지켰다. 에세이 모임을 처음 시작할 때는 비공개였지만 이 날만큼은 누군가를 초청했다. 꼭 이야기를 들려주고 싶은 사람과 함께하고 싶었다. 초대장을 받은 사람은 기꺼이 기쁜 마음으로 찾았고 시종일관 자리를 지켰다.

초청을 받고 온 한 심리 상담가는 고통을 지닌 사람일수록 가볍고 뻔뻔해야 한다는 인상적인 이야기를 해주었다. 그이의 별명은 '가뻔'

이라고 한다. 그 자리는 가뻔의 자리였다. 못난 사람이 못난 면을 이야기하면서 가볍고 뻔뻔할 수 있었다. 조금은 홀가분한 자리였다.

　사랑하는 사람도 저 하늘에서 응원하고 지지해 주지는 않았을까? 인생의 아름다운 한때였다.

　장미 옆에 마늘을 심으면 마늘의 강한 냄새가 장미의 향기를 진하게 한다. 진딧물 예방에도 좋다. 사랑하는 사람은 빛나는 장미이다. 먼저 보내야 했던 고통이 있었지만 아름다움과 향기는 변함이 없다. 살다 보면 마늘 냄새를 맡아야 할 상황이 온다. 사랑하는 사람을 말하는 것도, 함께했던 시간을 기억하는 것도, 그리고 자신에게 귀 기울여 보는 것도, 결국 마늘 냄새를 맡아야 가능한 것은 아닐까?

　《너의 그림자를 읽다: 어느 자살생존자의 고백》이라는 책에는 다음과 같은 이야기가 나온다.

　"아무런 희망도 없어 죽고 싶다고 느낀 그 순간만 잘 이겨냈더라면 동생은 잘 살 수 있었을까요? 학교를 마쳤다면요? 제대로 된 치료를 받았다면요?"

　사랑하는 동생을 먼저 보낸 언니가 이런 물음을 던진다. 동생은 23

살에 생을 마감했고 언니는 그 사건 이후 20년이 넘도록 동생을 마음에 품고 있었다. 그 세월 동안 자신을 갉아먹었던 의문을 신뢰할 수 있는 전문가를 만나자 묻지 않을 수 없었던 것이다. 전문가는 이렇게 말했다고 한다.

"그렇게 간단하게 해결될 일이 아니었을 겁니다. 하지만 그게 가능한 일이 아니라고 생각한다면 나도 이 일을 하고 있지 않겠지요."

자신의 생을 스스로 마감하려는 비극에 대해 간단한 해결책이 있다면 얼마나 좋을까? 그러나 현실은 그렇게 만만하지 않았다. 그럼에도 불구하고 불가능한 것은 아니다. 불가능하지 않다 말하는 것이 마술처럼 변화가 온다는 것을 뜻하진 않는다. 슬픔이 정직한 만큼 변화도 정직한 법이다. 발바닥 행동이어야 변화가 오고 그 변화도 나선형 변화라는 점. 그래서 그것은 마술이 아니라 조금씩, 아주 조금씩 나아지다가 소라 껍질처럼 넓어지는 변화이다. 그렇게 넓어진 곳으로 새로운 것이 들어올 수 있을 것이다. 이것은 진실한 믿음이기도 하다. 영문 모를 곳으로 내던져진 후, 스스로 일어나 삶이라는 바닥에 발바닥을 찍으며 행동했던 사람들의 일치된 경험에서 길어 올린 믿음이기 때문이다.

"무엇이 잘못되었고 언제부터 어긋나기 시작했을까요? 우리처럼 사랑하는 사람을 먼저 떠나보낸 사람들도 세상을 다시 살 수 있을까요? 우리가 용기를 내서 이런저런 치유를 받는다면 우리를 매일 매 순간 갉아먹는 그 죄책감에서 조금이라도 자유로울 수 있을까요?"

자작나무는 고통에 찬 사람들을 품으며 이렇게 말할 것 같다.

"그렇게 간단하게 해결될 일이 아닐 겁니다. 그러나 우리에게 작은 희망을 발견하고 나누면서 무르익을 수 있다는 발바닥 믿음이 없다면 매번 이렇게 모이지는 않았을 겁니다."

자작나무는 자살자 가족, 친구, 전문 치료 종사자 등이 어울려 피어나는 나무이다. 자작나무는 군락을 이루며 자라고 햇볕을 잘 받는 곳이면 발아해서 숲을 이룬다. 자작나무 에세이 모임에서 함께 어울려 자가 채종('내가 스스로 씨앗을 받는다')한 씨앗이 어딘가로 날아가기를 바란다. 그래서 그곳에 햇볕이 들 때 피어나기를 희망한다.

이 책은 자살유가족들이 스스로 풀어낸 이야기이다. 이 책의 목적은 자살유족 이야기에 귀를 기울여 보자는 것이다. 우리는 무엇보다도 마음을 열고 귀 기울여 들어야 한다. 자작나무 에세이 모임에서 나온 말과 글은 이런 물음을 되짚어 보는 시도이다.

빛 하나 보이지 않는 칠흑의 어둠을 지나야 하는 사람들은 자신의 발바닥을 믿고 걸어야 한다. 자작나무는 머리에 의존하지 않고 발바닥의 감각과 무게감으로 칠흑 속을 비틀거리며 걸어온 사람들이 희망을 일구는 곳이다. 여기에서 나온 말과 글이 우리 사회의 후미진 골목에서 고통스러워하는 자살유족들에게 작은 희망의 손내밂이 되기를 바란다.

이영남(임상역사가)

자작나무
하나

고
도
를
기
다
리
며

나는 아들을 이해하려고 본격적으로 노력하면서 교류분석을 공부했다. 그 과정에서 한 인간에게는
세상을 이해하고 살아가는 일종의 시나리오가 있으며 그것이 매우 중요한 것임을 알 수 있었다.

나는 사람들을 볼 때 인생각본의 시선으로 본다. 어떤 인생각본을 가지고 있을까를 되짚어 보는
것이다. 나 역시 그런 시선으로 돌아볼 수 있었고 내가 특정한 인생각본으로 살아왔음을 알게 되
었다.

지옥문이 열리던 날

시간이 멈췄다

어느 순간 시간이 멈춰 버린다면 난 어디에 머물고 있을까? 내가 누군지, 내가 아는 사람들은 나에게 어떤 의미인지, 내가 계속 시간을 타고 있는 것인지에 대한 모든 인식이 멈춰 버린다면 난 존재하지 않는 존재가 되어 버리는 것은 아닐까?

2010년 9월의 어느 일요일, 가을답게 하늘은 청명했다. 그러나 밝고 맑았던 날이 세상을 살면서 보았던 밝고 맑았던 날로 더 이상 간직될 수가 없게 될 줄은 몰랐다. 아들이 스스로 목숨을 끊은 후 심장 깊숙한 곳에서 지옥문이 열렸다. 지옥의 문이 열리자 지금까지와는 전혀 다른 세상이 펼쳐졌다. 익숙한 것들은 낯설어졌다. 한편으로는 그동안 너무도 낯설어 비현실적이라 여겨졌던 것들이 익숙해지면서 오히려 현실적으로 다가왔다.

소주 한 병을 혼자서 마시고 잠을 청했지만 괜히 아들에게 잔소리했다는 생각 때문에 편히 잠들지 못했다. 새벽까지 몸을 뒤척이고 있는데 딸애가 잠을 깨웠다.

"아빠, 오빠가 새벽에 나가고 쿵 소리가 크게 났어."

거실에서 그림을 그리고 있던 딸애가 오빠가 나갈 때 "오빠 어디가?"라고 물으니 오빠가 씩 웃고 나갔다고 한다. 나간 지 30분 후에 밖에서 '쿵' 하는 큰소리가 났다는 것인데 아무리 기다려도 오빠가 오지 않자 뭔가 불길한 느낌이 들었던 모양이다.

만감이 교차했다. 설마, 아닐 것이다. 전에도 끔찍한 일들이 있었지만 다 꿈이었거나 별일 아니었었지. 옷을 주워 입고 1층으로 내려갔다. 사람들이 천으로 뭘 덮어 놓고 주변에 둘러앉아 있었다. 그 순간 모든 것을 알아차렸다. 그렇지만 '절대로' 믿고 싶지 않았다. 벌써 경찰이 사람들을 통제하고 있었다. 그러나 나는 형사들이 보지 못하게 하는 사이를 뚫고 들어갔다. 천막을 들춰냈다.

내 아들이었다. 청바지에 한 손을 올리고 구겨진 한 팔과 얼굴이, 내 아들이었다. 표정은 무표정이었다. 난 머리를 한 손으로 받치고 그래도 설마 하며 다시 얼굴을 쳐다보았다. 뇌수가 흘러나와 내 왼팔을 적셨다. 아들의 몸은 참혹했다.

정신을 잃을 것 같았다. 못 살 것 같았다. 나도 바로 죽어야지 하는 생각이 들어 아이를 놔두고 엘리베이터로 갔다. 그런데 그때 딸애가 엘리베이터에서 내리면서 나를 부둥켜안았다. 나도 같이 딸을 안았다.

비로소 울음이 나왔다. 울고 나니 좀 정신이 났다. 우선 화장실에 가

서 피부터 닦았다. 피가 물을 타고 세면대로 흘러내렸다. 내 새끼의 피
가······.

　이제 난 어떻게 되는 것인가? 아들 방에는 유서가 쓰인 창이 바탕화
면에 띄워져 있었다. 얼핏 읽어 봤는데 제목은 "고도를 기다리며"였
다. 난 아들이 기다리는 고도라는 것이 무엇인지를 안다. 그 고도는 바
로 나였고 아버지가 마음을 따뜻하게 열어 주기를 아들은 간절히 기다
리고 있었던 것이다. 그것을 알고 있던 나는 아들을 죽게 만든 이 지구
상의 가장 비극적인 인간이라는 생각에 몸서리를 치며 "아이구 하느
님" 하며 주저앉아 울부짖었다.

　전날은 일요일이었다. 일요일이었지만 일을 하고 늦게 귀가했었다.
직장을 그만두고 새롭게 커피 장사를 시작한 지 얼마 되지 않았던 때
였다. 그래서인지 아직 자리가 잡히지 않아 그날도 새벽같이 혼자서
일을 나가 밤 10시가 되어서야 들어왔었다. 하루 종일 무더위에 스트
레스를 받아 피로를 풀어야 했다. 나는 집에 올 때 마트에서 소주 두
병을 사 왔다. 집사람이 안주를 차려 주어 혼자 거실에 앉아 소주를 한
병 마셨다. 거의 소주 한 병을 다 비울 즈음 아들이 들어왔다.

　내게 인사를 하고는 평소와 다르게 상의할 게 있다고 했다. 무슨 얘
기냐고 했더니 지난 몇 년 동안 독서실에서 알바를 했는데 주인아주머
니가 너무도 악랄하게 대해서 최저임금법 위반으로 노동부에 인터넷

으로 고발하였고 호출을 받은 상태인데 어떻게 할지 모르겠다는 것이었다.

나중에 생각을 해보니 이 녀석이 아빠랍시고 고민을 털어놓은 것도 처음이고 소위 상담을 한 것도 처음이었다. 정말 아이로서는 중요한 일이었을 것이다. 몇 년 동안 일을 시킨 주인아주머니와 대질신문하는 것이 겁도 났을 것 같다.

내가 물어보았다.

"네게 주어야 할 알바비를 떼먹었니?"

"아뇨."

"그럼 중간에 인상을 해달라고 얘기해 봤니?"

"아뇨."

그때 내가 정말 신중했어야 했다. 사람이 하는 말이 언제나 마지막 말이 될 수도 있다는 걸 알았어야 했다. 그래서 말을 하는 것이 얼마나 신중하고 어려운 것인지를 분명히 알았어야 했다. 그러나 나는 신중하지 못했다. 순간 화를 참지 못하고 아들에게 욕을 하고 말았다.

"이 비겁한 놈아, 그간 너를 보살펴 준 분인데 단 한 번 상의도 없이 그럴 수 있냐? 그건 사람 뒤통수를 갑자기 치는 거잖아? 그런 쓸데없는 데 신경을 쓰니 성적이 그 모양 아니야!"

나는 그만 버럭 화를 내고 말았다. 그렇지 않아도 아이가 얼마 전에 전공 두 과목을 'F' 학점을 받았을 때 화가 나긴 했어도 아무 말 안 하고 화를 참았던 적이 있었다. 그때 감정도 이참에 한꺼번에 폭발하고 말았다. 아이는 생각지도 못한 야단을 맞았는지 한참을 묵묵히 있었다.

"아버지, 제가 부담스러우세요?"

이것이 내게 한 마지막 말이었던 것을 어찌 알았으랴?

사실 난 목이 메었다. 야단친 것도 미안하고 해서 "자식이 부담스러운 아버지가 세상에 어디 있겠니? 난 너를 사랑하고 네가 잘 되기를 바라는 마음뿐이란다"라고 말해야 하는데 정작 입에서 다른 말이 튀어나왔다.

"늦었으니 잠이나 자라. 담에 얘기하자."

아들은 제 방에 들어갔다. 온종일 일하고 소주 한 병 마신 기운이 몸을 감돌아 들어가자마자 잠이 들었다. 그런데 기분이 영 이상했다.

몸을 뒤척이다가 새벽 한두 시경 거실에 나왔는데 아들이 나왔다. 먹다 남은 소주 한 병이 식탁 위에 놓여 있었고 그것을 쳐다보며 '아빠랑 소주 한잔할래?'라고 말하고 싶었다. 그러나 입에서는 마음과는 다른 말이 튀어나왔다.

"왜 안 자니?"

난 다시 들어가 자 버렸다. 그게 살아 있는 아들을 본 마지막이 될

줄이야?

아들이 유서를 작성하다가 나와 마주쳤다는 것을 나중에야 알았다. 아들은 아버지에게 의논하려다 야단을 맞고는 밤새도록 유서를 작성하고 있었던 모양이다. 아무리 기다려도 오지 않을 고도를 기다렸지만 더 이상 견딜 수 없을 정도로 지쳤었나 보다. 더 이상은 고도가 올 것이라는 희망을 가질 수 없어서 세상과 작별을 고하려고 했던 것 같다. 유서에는 세상을 버리고 먼저 가서 사랑하는 친구들과 어머니에게 미안하다는 말도 적혀 있었다.

경찰서에서 유서를 압수해 갔다. 처음에는 보여 주질 않았다. 그러나 형사에게 보고 싶다고 간절히 청했다. 형사가 보여 준 유서를 보는 순간, 나는 한눈에 그 고도란 것이 나임을 알 수 있었다.

그날, 아들은 살 수 있었다. 분명히 살 수 있었다. 왜 아니겠는가? 기다리던 고도를 만나 처음으로 용기를 내지 않았던가? 생전 처음 고도와 직접 대면해서는 말을 꺼내지 않았던가? 아, 그러나 그날 밤, 나는 마음에 있는 말을 하지 못했다. 만약 그랬다면 아이는 마침내 고도를 만났을 것이다. 그렇게 허망하게 가지는 않았을 것이다.

"아빠랑 소주 한잔할래?" 했었더라면…….

소주잔을 앞에 놓고 이렇게 얘기하려고 했다.

"네가 유치원에 다닐 때 어버이날 달아 준 리본 때문에 아빠는 감격스러워서 울면서 출근했었다.”

“네가 태어나서 처음으로 ‘아빠’ 라는 발음을 했을 때도 눈물이 났었다.”

“아빠 너 때문에 살고 있단다, 너는 내가 살아가는 이유란다.”

이렇게 말하고 싶었다. 그러나 다음날이 월요일이었다. 해야 할 일이 많았다. 난 그만 월요일 스케줄이라는 현실적인 이유 때문에 하고 싶었던 말들을 삼켰다. ‘언젠가는 살면서 할 기회가 있을 거야’ 라는 말만 속으로 하고는 잠을 청했다. 살면서 꼭 하고 싶었으나 미루기만 했던 말을 할 수 있는 기회를, 영원히 상실했다.

평소에는 아이가 거절할 일일지라도 그날만큼은 소주 한잔을 했어야 했다. 그러면 아이를 살릴 수 있었을 것이다. 앞으로 잘 살아갈 수 있는 아이를 내 완악함 때문에 잃었다는 자책감에 괴롭다. 그날 이후, 시간은 멈추었고 나는 숨만 쉬고 있다.

아들이 죽기 불과 며칠 전이었다. 운전을 하다가 뉴스를 들으니 우리나라 자살률이 세계 최고라는 것이다. 그때 나는 뉴스를 들으면서도 요즘은 왜 이렇게 의지가 없는 젊은이들이 많은지 혀를 찼다. 우리 아이들은 이제 다 컸다는 생각이 있었던지 자살은 남 일이고 세상사 하나 정도로만 여겼다. 내 아들이 그럴 것이라는 것은 감히 상상도 못했다.

큰아이는 군대를 제대해 복학했고 대학 졸업을 앞둔 시점이었다. 둘

째도 원하던 미술에 심취해서 대학을 다니고 있었다. 내가 몇 년 만 더 버티면 아이들을 독립시킬 수 있다는 생각에 커피 장사에 전념하던 상황이었다.

하지만 결국 내 일이 되고 말았다. 당시 일을 당할 때는 하나님의 벌이라고만 생각되었다. 그동안 지은 모든 죄가 일시에 다 생각이 났다. 심지어 어릴 때 어떤 아이를 때린 것까지 생각났다. 아니 더 나쁜 놈들도 많은데 하면서도 혹시 내가 하나님을 비판한 적이 있었는지까지도 생각이 났다.

내 잘못인데도 집사람이 원망스럽기도 했다. 난 밖에 나가 돈 버는데 집에서 뭐하고 있었나? 평소에 귀가 그리 밝은 사람이 아이가 "엄마 그동안 사랑했어요"라는 문자를 남겼는데도 아이 문자도 못 들을 수 있나? 어미면서도 어떻게 아이보다 먼저 잘 수 있단 말인가? 잠들었다가도 얼른 문자를 받고 계단으로 뛰어 달려가 외치고 사정하고 울면서 달랬더라면, 그래도 엄마가 사정하는데 아들놈이 그럴 수는 없었을 것 아닌가? 집사람을 원망해서는 안 되는 줄 알면서도 원망하는 마음이 들 때는 나도 어쩔 수 없었다.

아이는 새벽 세 시 반경 유서를 다 마치고 거실을 나섰다. 아이는 아파트 계단을 하나씩 올라갔다. 계단을 오르는 아들의 발자국 소리가 컸던 모양이다. 발자국 소리를 들은 이웃이 있었을 정도였다. 왜 아니

겠는가. 그것은 인생을 건 발걸음이었고 어깨에는 몇 백만 번, 몇 천만
번 어긋났던 고도가 있었을 텐데.

아이는 살고 싶었을 것이다. 그 시간에 엄마와 친구들에게 문자를
보낸 것은 살려 달라는 외침이 아니면 무엇이었단 말인가? 제발이지
누구라도 문자를 받고 대응해 주기를 간절히 기대했을 것이다. 하지
만 아무런 회신이 없었다. 살아온 인생보다 길었을 그 30분 동안 누구
도 답을 하지 않았다. 계단을 오르면서 울면서 망설이면서 보낸 구조
신호에 아무도 응하지 않았던 것이다. 평생 고도가 답을 하지 않았듯
이…….

15층 옥상 문은 잠겨 있었다. 그러나 14층 계단 중간 창문은 열려 있
었다. 아이는 그 창문을 열고 아래를 먼저 보았을 것이다. 안개가 자욱
이 낀 날이었으니 새벽안개로 저 아래가 잘 보이지 않았을 것이다. 그
러나 15년 넘게 산 아파트이니 보지 않아도 아이 눈에 잘 들어왔을 것
이다.

아이는 잠시 얼마나 아플지 생각하지 않았을까? 죽음의 세계는 한
번도 가보지 않았으므로 무척이나 두려워했을 것이다. 창밖을 보며 한
없이 망설였겠지만 이미 유서를 쓰면서 결심한 바도 있고 야단치는 아
버지에 대한 복수심도 뛰어내리라고 채근을 했을 것이다. 마지막으로
졸업을 앞두고 전망도 없는데 목표를 가지라고 어릴 때부터 닦달하던

아버지에게 조롱을 당할 것도 머리를 스치고 지나갔을 것이다.

아들은 부들부들 떨면서 창밖으로 한발을 내디뎠을 것 같다. 디딤돌이 없는 창밖 구조에다 새벽이슬에 미끄러운 창틀은 한 번 더 생각할 기회조차 빼앗아 가 버렸다. 마지막 기회마저 박탈해 간 창틀이 야속하기만 했다.

그날 이후, 몇 달 동안을 높은 아파트를 응시하고 다녔다. 참 이상했다. 우리 아이는 없어졌는데 아파트들은 여전하고 산천초목은 해마다 푸르렀다. 아무리 고도가 밉고 어려운 벽이었다고 하더라도 다른 방법도 있지 않은가. 가출도 있고, 아버지에게 대들어 보기도 하고, 심지어 자살이 실패로 돌아가는 경우도 있는데, 어째서 우리 아이는 단 한 번에 극단적인 방법으로 '정확하게 성공'을 하였단 말인가.

가슴에 묻어야 했다

아들 시신은 119에 태워져서 병원으로 실려 갔다. 시신을 염하고 붕대로 감았다. 염을 했던 분들은 분명히 지극한 마음으로 정성스럽게 아들의 몸을 닦았을 것이다. 나는 이런 믿음으로 산다.

시신은 냉장고에 있었다. 냉장고에서 꺼내진 시신이 내 앞에 보였다. 나는 아들 손을 잡았다. 손을 잡자 차가운 냉기가 심장을 파고들어왔다. 그 순간 평생 처음 피눈물을 흘리며 아들에게 말했다.

"미안하다."

"사랑한다."

태어나서 처음 해 보는 말이었다. 나는 외쳤다. 아들에게 말하려면 외치지 않을 수 없었다. 말을 하면서도 한없이 울었다. 아들 시신 앞에서 터져 오르는 자책감으로 어쩔 줄 모른 채 외치고, 울었고, 외치고 울었다. 아, 진작 이런 말을 했더라면 얼마나 좋았단 말인가? 울면서 하지 않고 다정하게 손을 잡고, 산책이라도 하면서 다정다감하게 아들에게 이런 말을 해야 했었다. 바보도 천하에 이런 바보가 없을 것이다.

처음 아들 시신을 본 순간에는 나도 죽어야 한다는 생각이 들었다. 나도 죽어야 한다, 나도 죽어야 한다. 하지만 그전에 먼저 사건을 수습하자. 내가 아니면 지금 이 일을 수습할 사람이 없지 않은가?

내내 정신이 하나도 없었다. 그러나 황망한 가운데도 이 일을 수습하든지 죽든지 둘 중 하나를 택해야 한다는 생각은 또렷했다. 친구들을 떠올렸고 그래도 이 일을 잘 수습해 줄 친구 한 명에게 연락했다. 나는 아무에게도 연락하지 않고 바로 화장한 후에 그때 죽든지 살든지 결정하려 했다. 연락을 받고 달려온 친구가 내게 간곡하게 하소연했다.

"화장터도 3일을 기다려야 한다고 하지 않느냐? 장례를 치르자."

친구는 이렇게 극구 권했다. 119를 불러 아들 시신을 고대병원으로 옮겼다. 월요일인데도 친구들이 소식을 듣고 몰려와서 어쩔 줄 몰라 하며 조문을 했다. 한 친구에게 담배를 달라고 했다. 몇 년간 끊었던 담배라도 다시 피워야만 했다. 담배를 무는 순간 한 갑을 줄줄이 피워 댔다. 조금 있으니 각막이 터져서 눈이 팅팅 붓고 귀도 먹먹하여 들리지 않았다. 장례식 3일 내내 담배를 피우러 밖에 나가려면 친구들 부축을 받아야 했다.

장례를 치르면서 정말 많은 친구들이 와 주었고 같이 울어 주었다. 뜻밖에도 나를 포옹하고 눈물을 흘린 친구들이 있었다. 그 순간이 오랫동안 기억에 남았다. 아, 나는 다른 친구들 슬픔에 얼마나 진정 울어 주었던가?

화장터에는 많은 친구들이 동행해 주었다. 친구들 차량으로 이동했다. 난 그때까지도 터진 각막 때문에 눈에 통증이 있었다. 제대로 걷기 힘들 정도였다. 누군가 옆에서 부축해 주지 않으면 움직일 수가 없는 상황이었다.

나는 부축을 받아 다시 화장장에서 임진강으로 이동했다. 유골함에서 아들 뼛가루를 집어 들고 하염없이 임진강 강물에 뿌렸다. 가루가 되어 버린 아들을 손으로 만질 때마다 화장한 열기가 손끝에 뜨겁게 느껴져 왔다. 마음의 냉기와 손끝의 뜨거움을 함께 느끼며 계속해서 뿌렸다. 글쎄, 얼마나 집어 들었는지조차 모르겠다.

　친구들이 자식은 가슴에 묻어야 한다고 권유해서 화장하긴 했지만 지금은 후회가 된다. 뭐라도 하나 남겨둘 걸 싶은 마음이 들기 때문이다. 세상에 외아들 뼛가루를 속절없이 강물에 뿌리는 부모가 이 세상에 몇 명이나 된단 말인가.

　화장터에서 나오면서 처음으로 음식이 입에 들어갔다. 주변의 권유로 억지로 넣으니 들어갔다. 그날 저녁은 변이 숯처럼 새까맣게 손가락만큼 나왔다. 아직 타지 않고 남은 내장이 있을지 싶었다.

　3일을 우유 한 잔 먹고 장례를 치르면서 구슬프게 우는 집사람을 보니 애간장이 찢어지듯 아팠다.

　이 죗값을 어이 다 치러야 한단 말인가. 아, 내 한 몸 죽음으로써 다 끝날 수만 있다면 얼마나 좋을까마는, 과연 그럴 수 있을지 의문이 들었다.

때늦은 회한, 인생의 목표가 인생보다 중요한가?

비로소 시작된 지옥의 시간

막상 장례가 끝나자 장례식 때 느꼈던 고통은 아무것도 아니었다. 눈을 뜨면 송장만 살아 있었고 눈을 감으면 아들 생각이 났다. 거리를 걸어갈 때는 높은 곳을 쳐다보다가, 바닥을 쳐다보다가, 다시 높은 곳을 쳐다보다가 바닥을 쳐다보다가…… 왜, 왜, 왜를 외쳐야만 했다.

담배를 하루에 여섯 갑씩 피웠다. 저녁마다 폭음을 했다. 밤에는 술을 먹고 낮에 깰 때는 호흡을 헐떡이며 죽음만을 생각했다. 성격이 매우 급한 내가 행여 무슨 일을 저지를지 모르는 상황이었다. 내 스스로도 걱정이 되었지만 친구들도 걱정되었을 것이다. 장례 후에도 친구들은 계속 집으로 찾아와 위로를 해주었다. 그러나 위로가 되지는 않았다. 매일 술을 마셨다.

술과 친구 그리고 담배는 확실히 괴로운 마음에는 보약과 같은 존재였다. 그러나 다음날 술이 깰 때는 알코올성 우울증이 겹쳐 고통은 더욱 커졌다. 술은 즐거울 때는 약이 되나 슬플 때는 독이 된다는 사실을 몸으로 체득했다.

숨이 넘어갈 정도로 마음이 괴로웠던 그날들을 잘 기억하고 있다. 그때 겪었던 괴로움이 있어 지금도 최근에 일을 당한 유족들을 보면 그게 어떤 상태인지를 금방 알 수 있다.

장례 중간에 집사람과 울면서 약속했다. 우리는 죽지 말아야 한다고. 서로의 손가락을 걸고 다짐을 해야 했다. 겁이 났을 것이다. 서로 상대가 먼저 갈까 봐 두려워 상호 이기심이 발동했을 것이다. 아무려면 어떤가?

죽을 수는 없었다. 가출도 있고, 자해도 있고, 반항도 있는데 약을 먹고 겨우 살아나는 일도 많다. 그러나 그럴 수는 없었다. 나는 다른 방식으로 고통을 견뎌야 했다. 뭔가 지푸라기라도 잡아야 했다. 천주교나 심리학 교실에 등록해 공부도 했다. 고통이란 것이 뭔지, 왜 내게 왔던 것인지 알고 싶었고, 과연 이런 고통이 끝나기라도 할 것인지? 행여 고통이 줄어들기를 바랐다. 그러나 어느 곳도 고통을 면해 주진 못했다.

나는 몇 달 동안을 아이가 죽은 이유를 찾기 위해 헤매고 다녔다. 무슨 이유로, 어떤 이유로, 왜 그런 극단적인 선택을 했던 것일까? 아들이 다니던 대학교에도 갔다. 그곳에서 아들 이야기를 듣고 아들이 남긴 기록을 읽으면서 아들이 살려고 노력을 했다는 것을 알 수 있었다.

학교에서 종교 서클 리더로 활동하신 목사님과 통화도 했다. 아이가

1년여 간 신앙에 기대었다는 것을 알게 되었다. 아들은 학교 기독교 서클에 다니며 종교에 문을 두드렸던 모양이다. 약 6개월 동안 심리 상담을 받았다는 사실도 알게 되었다. 양해를 구하고 상담실에서 상담 기록을 복사했다. 그곳에는 놀라운 사실들이 적혀 있었다. 아이는 자신이 우울증임을 알고 상담을 받고 있었던 것이다. 기록에도 우울증이라고 적혀 있었다. 믿기지 않았던 것은 아이가 네 살 때부터 자살 욕구를 지니고 있었다는 점이다. 그것도 본인의 자술로 메모가 되어 있었다. 기록을 읽다 보니 엄마에게 종아리를 맞는 얘기부터 나왔고 당시 트라우마가 세세히 적혀 있었다. 네 살 무렵 사건을 어떻게 그렇게 똑똑히 기억하고 있으며 그것을 자살 욕구로 해석할 수 있었을까?

그러나 나는 아들이 그런 극단적인 선택을 한 직접적인 원인을 아버지인 나에게서 찾는다. 물론 프로이트 정신분석 이론대로 어릴 적 트라우마가 잠재되어 있을 수 있고 그것이 자살의 한 원인으로 작용했을 수도 있다. 그렇다면 묻고 싶다. 아이를 만난 전문가들은 왜, 무엇보다도 아버지인 나는 어떻게 그런 심각성을 모를 수 있었을까? 아들의 밝은 표정에 부모도 상담 교수도 속아 넘어갔다는 말인가?

아이 컴퓨터에서는 인터넷으로 정신병원 네 곳을 검색하여 예약을 시도했던 기록도 발견되었다. 아무에게도 얘기하지 않고 혼자서 살아보려고 무던히도 애를 썼던 내 아들. 부모로서 무엇을 했는지 자책할 수밖에 없었다. 자성을 넘어 고통스러운 괴로움이 지금도 참 크다.

갈등

아들이 어릴 적부터 우리 사이에는 갈등이 한 가지 있었다. 나는 아이가 목표가 없다는 것이 늘 불만이었다. 아이는 어릴 적부터 이상하게도 목표가 없었다. 돈 욕심도 없고, 근육 욕심도 없어서 운동도 싫어하고, 공부를 잘해야 한다는 것도, 대학을 다녀야 한다는 것도, 여자를 사귀고자 하는 의욕도 없어서 여자 친구를 사귄다는 얘기도 못 들었다.

아들은 오로지 오락 게임 하나만 충실했다. 나는 아들이 오락 게임에 몰두하는 게 불만이 아니라 그렇게 좋아한다면 그것을 보다 발전시킬 목표를 갖지 않는 것에 마음이 언짢았다. 좋은 게임을 개발해서 게임 산업을 선도해야겠다, 이런 미래 전략을 세우기를 바랐다. 그러나 아들에게는 그런 모습이 없었다.

부모가 원하니 대학에 갔고, 수학과도 엄마가 학생 시절 수학을 잘한다고 권하니 선택한 것뿐이다. 그런 아들을 그냥 둘 수 없어 끊임없이 괴롭혔다.

"너, 목표가 뭐야?"

1년에 한 번 정도는 물어야 직성이 풀렸다. 초등학생이었을 때도, 중

고등학생이었을 때도, 대학생이었을 때도 질문은 끝이 없었다. 그래도 아이 대답은 한결같았다.

"목표를 못 정했어요."

당연히 이런 대답에 성이 차지 않았다. 정말이지 아들이 강해지길 바랐다. 험난한 세상에서 남자가 살아가려면 강하지 않을 수 없었기에 아들이 잘 살아가기를 바라는 마음으로 그랬지만, 지금 생각해 보니 훈육 방식이 비열했다. 팔씨름을 하면 아들이 나를 이기지 못했다. 그럴 때면 아들에게 약을 올렸다.

"넌, 아빠가 70살이 되도 못 이기겠다."

아들과 달리기를 하면 아들보다 앞서 달렸다. 그럴 때면 아들에게 약을 올렸다.

"그렇게 계집애처럼 달리니 속도가 나겠나?"

나름대로는 아이를 자극해서 오기를 가지도록 하자고 한 것인데 그건 어디까지나 내 생각이었을 것이다. 아들은 그런 말에 위축되고 상처를 받았을 것이다. 아들은 평범한 아이였다. 유치원 다닐 때는 잠자리 잡는 것을 좋아했다. 심성도 고운 착한 아이였다. 그런데, 커 가면서 '착한 아이'라는 것이 문제처럼 보였다.

나중에 아들 친구들에게 정말 가슴 아픈 이야기를 들었다. 아들은 누가 괴롭히거나 때리면 일절 저항을 하지 않았다는 것이다. 물론 누구에게 이른다거나 부모에게 누를 끼치는 말 자체를 하지 않았다. 그러니 온갖 따돌림과 횡포의 대상이 되었다. 친구들을 좁고 깊게 사귀었으니 친구들 도움도 받지 못했을 것이다. 선생님들도 지켜 주지 못했던 모양이다. 아들은 선생님들에 대한 불신이 컸을 것이다. 이런 줄도 모르고 부모랍시고 권해 준 장래 목표가 학교 선생님이었다. 교사에 대한 불신과 적개심이 강한 아이에게 교사가 되라고 했으니 아이 심정이 어땠을까?

아이는 내 바람대로 강한 사람으로 성장한 것이 아니라 오히려 '포기가 강한' 아이로 성장했다. 아들의 이런 점을 알았기에 태권도나 운동을 권유했다. 그러나 아이는 싫어했다.

아들이 군대에 갈 때도 마찬가지였다. 나는 군생활을 수경사라는 부대에서 했다. 부대생활이 무척 힘들었다. 그래서인지 아들만은 육군에 보내고 싶지 않았다. 그래서 아들을 공군에 보내기 위해 안양천변에 데리고 가서 달리기 연습을 시켰다. 그러나 아들은 공군 시험에 여러 번 떨어졌다. 그래도 나는 포기하지 않았다. 드디어 체력 시험에 통과해서 공군에 입대하게 되었다. 기뻤다. 나는 집사람과 같이 진주에 있는 공군교육사령부까지 동행해서 아들을 응원하며 군대에 보냈다.

그런데 그만 아들이 일주일 만에 집으로 돌아왔다. 이유를 들어보니 정신적인 문제가 심리 테스트 과정에서 걸러졌다는 것이다. 그때도 난 포기하지 않고 심리 분석지를 인터넷으로 추출하여 훈련을 시켰다.

'귀신은 없다', '부모는 자식을 편애하지 않는다' 등의 설문에 응하는 훈련을 시켰다. 드디어 아들은 심리 테스트까지도 합격했고 마침내 공군 복무를 하게 되었다. 나는 참 기뻤고 자부심도 느꼈다. 어머니까지 모시고 면회를 가서 치킨도 시켜 주었던 기억이 난다. 전라도 광주에 배속된 부대를 다녀올 때마다 정말 가족으로서 무한한 행복을 느꼈다.

아들은 군 복무를 무사히 마치고 제대했다. 이제는 다 컸겠지 싶은 안도감이 몰려왔다. 더 이상 아들 걱정을 할 이유가 없어졌다. 그 후 특별히 아들 걱정은 하지 않고 지낼 수 있었다. 그러나 이런 비극을 맞고 보니 마음이 복잡해진다. 인간은 행복할 때 그것을 알아차리지 못하고 불행해진 다음에야 그것을 알 수밖에 없는 존재인가. 인간은 성장하고 강해지는 동물이 아닌 것 같다. 다만, 변해 가는 동물이라는 생각이 든다.

지금 생각해 보면 나는 아이를 강하게 키우기보다는 나처럼 만들려고 욕심을 냈던 것 같다. 그때는 몰랐다. 아들에게 아버지의 질문은 격려나 용기가 아니었다는 것을. 질문을 할 때마다 아이는 질책으로 받아들였을 것이다. 심지어는 아이가 자살한 그날 저녁에도 목표를 세워야 한다고 말했다.

"택시 운전이라도 좋으니 목표를 정해라."

"다만, 택시 기사를 해도 월급이 100만 원도 안 된다는 사실은 명심해야 한다."

참으로 모질게 아이를 괴롭혔다. 아들에게는 그것이 마지막 질책이었다. 아들은 내가 생각하는 그런 사람이 아니었다. 나는 아들의 있는 그대로 모습을 인정하고 싶지 않았다. 그러나 지금은 알고 있다. 아들은 비록 내 기대에 미치지 못하고 내가 살아온 모습과는 천양지차가 있기에 나하고는 달랐지만 아들도 아들 나름의 삶이 있었다는 것을. 아들은 오페라를 좋아하고 오락을 좋아하고 판타지 소설을 읽고 일본 음악을 듣는 아이였다. 엄마가 힘들다며 엄마 설거지도 기꺼이 하던 페미니스트였다. 내가 보기에 성이 차지 않았지만 아들은 아들 방식대로 살아가고 있었다. 나는 아들을 몰랐다.

장례식장에서 이런 일이 있었다. 아이가 제대한 지 1년이 지났건만 같은 부대원들이 중사, 상사 계급을 달고 15명 정도가 조문을 다녀갔다. 그건 정말 의외였다. 아들은 말이 없고 내성적이라 부대에서도 왕따 수준이었을 것으로 짐작만 하고 있었다. 그러니 놀라지 않을 수 없었다. 장교로 복무한 것도 아니고 그저 평범한 병으로 복무하다 제대한 사람의 장례에 그 많은 부대원들이 조문을 왔다는 것은 정말 뜻밖이었다.

아들이 평소에 누구에게든 무엇이든 아낌없이 주는 성격 때문이었을 것으로 짐작한다. 장례 이틀째에는 한 젊은 여자가 조문을 왔다. 아들이 다녔던 과의 조교로 있던 대학원생이었는데 여자 친구였다. 애인의 자살 소식에 얼마나 놀랐을까? 황망함 속에서도 조문을 와 준 것이 고마웠다.

아들은 몇 년간을 플라토닉으로 사귀었을 것이고 무수한 대화를 전철을 타고 같이 다니며 나누었을 것이다. 아버지로서 안 봐도 안다. 그래도 둘은 그런 방식으로 연애를 하고 사랑을 했다. 얼마나 예쁘고 참하게 생겼는지 나도 그랬지만 집사람의 안타까움이야 이루 말할 수 없었을 것이다. 집사람은 한없이 울면서 깊이 슬픔을 삭이고 있었다. 아들이 예쁘고 참한 연인과 결혼을 했다면 수많은 인연이 꽃을 피웠으리라.

아들아, 왜 그 순간을 참지 못했니? 그 순간만 참았더라면, 좀 더 견디었더라면, 이런 일은 없지 않았겠니?

다 소용없는 일이 되었다. 이제는 아들과 팔씨름을 할 수도 없고, 팔씨름하면서 약 올릴 일도 없게 되었다. 왜 있는 그대로 아들을 받아들이지 못했을까? 어째서 아들을 존재 그 자체로 존중하지 못했던가?

생사의 도리

'아픈 건 아픈 거다. 거기에 무슨 이유가 있을까?'

이렇게 생각하며 살았다. 그런데 아들을 보낸 후 고통을 받으면서 더 이상 그렇게 생각할 수는 없었다. 나는 아들이 왜 아팠는지, 내가 왜 아픈지 알고 싶어서 몸부림쳤다. 우선 심리 상담학의 한 종류인 교류분석을 공부하기 시작했다. 그렇게 시작한 공부를 계속해서 지금은 고통에 빠진 사람들에게 교류분석가로서 상담도 해주고 있다. 나는 그 시절을 겪으며 아픈 사람들을 상담하며 견디었다. 아픈 사람들을 상담하며 대화를 나누면서 고통을 나누었다.

내가 무슨 자격으로 그들을 치유할 수 있단 말인가? 나는 고통받는 한 사람으로 서로 대화를 나누고 있다. 아픈 이야기를 들으면서 나 또한 최소한 그 순간만큼은 공감과 치유를 느꼈다. 헨리 나우웬의《상처 입은 치유자》를 읽고 더욱 적극적으로 대화를 나눌 수 있었다. 아픈 사람들과 대화를 나누었던 시간은 스스로 상처를 치유하는 시간이었다.

그러나 이것으로는 부족했다. 생사의 도리를 알아야 했다. 나는 죽었다 살아난 분들을 직접 찾아다니며 영혼의 존재를 확인하려고 노력했다. 그러던 중 한번은 의미 있는 분을 만나 실제 경험담도 들을 수 있었다.

죽음의 가장 가까이에 있는 분들도 만나야 했다. 그래서 호스피스 자원 활동도 시작했다. 호스피스 병동에서 사람이 죽는 모습을 많이 대면할 수 있었다. 봉사 활동을 하면서 삶의 마지막 모습을 관찰할 수 있었고, 이런저런 대화도 나눌 수 있었다. 대화를 나누면서 생의 집착이란 무엇인가를 생각해 볼 수 있었다. 이런 과정들을 통하여 영혼의 존재를 확인하지는 못했지만 최소한 내 몸이 나는 아니라는 점과 살아 있는 것들은 다 멸한다는 평범한 진리가 뼛속 깊이 새겨졌다.

이토록 허무한 것이 인생이런가? 어차피 죽을 걸 왜 태어났으며 어디로 가는 것인가? 아들의 영혼이 있어 나와의 조우를 기다릴 것인가? 이런 의문들을 푸는 데 나는 지금까지 온갖 자료와 서적을 탐독하며 생사의 도리를 익히고 있다. 오래 산다는 것이 많은 이별을 경험하게 되고 더 고통이 오래간다는 점들이 나를 위로한다. 다가올 죽음을 기다리는 것이 유일한 낙이 되었다.

"왜 사냐면, 웃지요"라는 시 구절이 생각난다. 왜 사냐고 누군가 물으면 나는 죽지 못해 산다고 답한다. 이건 염세와는 다르다. 오히려 죽음을 관조하고 객관적으로 바라보며 앞으로 다가올 이별에도 가을이면 낙엽이 지는 모습을 바라보듯 담담한 담대함과 영혼의 존재와 재회에 대한 자신감이다.

아들은 갔어도 지울 수 없는 것들이 있다. 집사람은 아직 아들과 나눈 문자를 핸드폰에 간직하고 있다. 별 얘기 아니다.

"밥 먹었니?"

이런 사소한 대화들이다. 살아 있을 때는 엄마가 아들에게 수시로 했던 말이었고 별다른 의미를 가질 수 없을지도 모른다. 그러나 지금은 그렇지 않다. 집사람은 아들에게 보낸 말들을 하나도 남김없이 간직하고 있다. "얘야, 밥은 먹었니?" 집사람은 금덩어리보다 더 소중하고 세상 무엇보다도 값진 말을 간직하고 있다.

아들 방에는 아들이 살던 때보다 더 많은 사진이 전시되어 있다. 나는 아들과 체구가 비슷하다. 나는 아들이 신었던 신발을 신고 다니고, 아들이 입었던 옷을 입고 다닌다. 이렇게 좋은 옷을 안 입고 어딜 갔을까?

집사람이 아들과 주고받은 문자 메시지를 지울 수 없듯이, 나도 아들이 내게 보낸 메일을 지우지 못한다. 읽지도 못한다. 아직까지 메일을 보려고 하면 가슴이 무너져 내리기 때문이다. 그래도 언젠가는 볼 것이다. 아들이 내게 보낸 메일에는 어떤 내용이 담겨 있을까? 아들이 내게 말하고 싶었던 것은 무엇이었을까?

내가 죽어 저세상으로 가면 아들이 마중을 나올 것이다. 나는 단연코 아들을 만날 수 있을 것이라 확신한다. 그때 아들 손을 잡고 이렇게 말할 것이다.

'내 아들아, 이제는 손잡고 같이 가자. 목적지가 어디든.'

미친 사람처럼 한 해, 두 해를 보냈고 세 번째 해를 보내고 있다. 그날, 아들을 보내던 날 열렸던 지옥의 문은 이제 닫힌 것일까? 잘 모르겠다. 아들을 만나는 그 순간까지 살아갈 뿐이다.

고스톱

한밤중 내리는 눈을 맞으며

　　　　　　　　사건 이후 남겨진 자들에게
는 헤어나올 길 없는 고통이 다가온다. 초기에는 그렇다. 그러나 동시
에 어떤 의지도 생겨난다. 우리는 같이 모여 울고 있을 수만은 없었다.
아니, 아내와 딸을 위해서 남편이자 아빠인 나는 뭔가를 해야 했다.

　지금은 까마득한 얘기 같지만 한동안 술을 계속 마셨다. 술을 마시
지 않으면 잠을 이룰 수가 없었다. 그런데 술을 계속 마시니 죽을 것만
같았다. 마침내 이대로 알코올 중독에 폐인이 되느냐 다시 남은 가족
을 지키고 일어설 것이냐는 기로에 섰다.

　술을 끊기 위해 대리운전을 시작했다. 정말 그 일을 할 때는 술 생각
이 나질 않았다. 손가락을 에는 듯한 추위와 술 취한 사람들을 실어 나
르며 나눈 얘기들이 많았다. 이런 것들이 고통을 이기는 데 큰 힘이 되
었다. 지금 생각해 보면 참 잘 선택한 것 같다.

　대리운전을 마치고 귀가하던 어느 날이었다. 새벽녘 눈이 내렸다.
대지는 소복이 눈으로 덮여 있었고 가로등 아래로는 눈발이 날렸다.
모처럼 여유롭게 눈길을 걸을 수 있었다. 새벽까지 대리운전을 하니

이런 호사도 누리는구나 싶은 마음마저 들었다.

　한 4시간을 걸었던 것 같다. 눈길이 끝나는 지점에서 나는 문득 수첩을 꺼내 들고 시를 한 편 썼다.

　야설夜雪(한밤중 내리는 눈을 맞으며)

　잔인한 이별의 조각들이
　밤새 흩어져
　가로등 아래로 내리고 또 뿌려진다

　난
　눈 내리는 골목길을 돌고 돌아
　밤새도록 눈을 밟으며 걷는다

　죄의 굴레를 벗어나지 못한
　길고 진한 숨결이
　우주 공간에 배어 나오고
　뒤돌아간 시간의 뒤틀림이
　아련한 그리움이 되어

이토록 쌓이는가
까만 밤에 하얀 눈은
그칠 줄 모르건만
나의 발길은 길을 잃어
눈 위에 서 있다

마음이 어느 정도 진정되기 시작하니 시로 마음이 표현되었다. 인간의 고통은 기억에서 온다. 기억할 일이 없으면 고통도 없다. 왜 알고 기억하여 슬퍼하고 고통을 겪는가? 우리는 남겨졌다. 아들이 그렇게 떠난 후 집사람과 나, 딸은 '남겨진 자'가 되었다. 우리는 이제 '자살생존자'가 되었다. 아들이 가고 남겨진 자가 된 우리가, 남겨진 자인 우리가 할 수 있는 것은 무엇일까? 남겨진 사람들에게 가장 어려운 것은 아무리 그래도 자신의 삶을 살아야 한다는 것이다.

고스톱

집사람과 나는 장례식장에서 우리는 어떻게든 살아야 한다고 약속하고, 약속하고, 또 약속했다. 우리는 다른 것은 몰라도 아들 앞에서 서로 약속한 것을 지켜야 했다. 살기 위해 노력해야 했다.

집사람과 딸과 셋이서 아들 입관예배를 주관해 준 교회에 다녔다. 찬송가를 부르며 많이 울었다. 아들 영혼이 몸을 떠나 예수님 곁에 있다가 나와 만나 해후할 수 있기를 기도했다. 지금도 주일날은 교회에 나가 아들 영혼과 재회를 비는 기도를 계속하고 있다. 기도가 언제 끝날지는 장담할 수 없다. 그래도 신실한 마음으로 하는 기도이다. 내가 알고 모르고를 떠나서 하나씩 해야 할 행동 목록에는 기도도 있을 것이라 믿는다.

우리는 저녁이면 모여 고스톱을 쳤다. 고스톱을 치면서 집사람이 처음으로 웃었고 나는 집사람 얼굴에서 옅은 미소를 보면서 비로소 마음이 놓이기 시작했다.

《지금은 서툴러도 괜찮아》라는 책에는 현재는 뮤지컬 기획자로 활동하는 개그맨 백재현 씨가 연예인 생활 13년째 되던 2005년에 뮤지컬 〈루나틱〉을 연출했을 때 얘기가 실려 있다. 대학 다닐 때부터 꿈인 뮤지컬 연출을 위해 작품을 기획했지만 제작자를 찾을 수 없었다. 백재현은 집을 팔아 마련한 돈으로 작품을 올렸다. 그러나 결과는 좋지 않았다. '쫄딱' 망했고, 압류가 들어왔고 여기저기서 빚 독촉이 빗발쳤다. 좌절감이 몰려왔다. 그러던 어느 날 죽으려고 소주를 일곱 병이나 마시고 잠들었다. 잠들기 전에 이런 생각을 했다고 한다. "이대로 잠들면 죽는 거고, 혹시 깨어나면 그래도 살아야 할 이유가 있는 것이라 믿

고 열심히 살겠다." 그런데 아침이 되니 깨어났다. 뭔가 살아야 하는
이유가 있던 것이다. 그러나 그 이유도 모르고 방법도 모르니 그저 울
음이 나왔다. 한참을 울고 나서 따르던 선배였던 개그맨 전유성에게
전화를 했다.

"형, 저희 집 압류됐어요. 저 어떻게 해요?"

"웃어 인마!"

"아니, 이런 상황에서 어떻게 웃음이 나와요?"

"네 일 아니라고 생각하면 웃긴 거야. 인마!"

당연히 처음에는 이해되지도 않고 믿었던 사람이기에 더욱 야속했
다. 그러나 따뜻한 봄비가 차츰차츰 대지에 스며들듯 '개그가 지혜로
움'으로 바뀌기 시작했다. 백재현은 보잘것없는 현재에도 불구하고
다른 누구도 가지지 못한 것을 가졌다는 것을 볼 수 있었다. 빈털터리
도 모자라 빚까지 짊어진 백재현만이 거기에 있었던 것이 아니라 많은
사람들이 보고 행복해하는 '멋진 작품'을 가진 백재현도 거기에 있었
던 것이다. 백재현은 비로소 자신이 '객관적으로' 보이기 시작했다고
한다. 그다음부터 백재현은 어려운 상황이 닥치면 이런 혼잣말을 해본
다고 한다.

"내 일이 아니라 생각하면 웃긴 거야, 인마!"

다른 사람들이 보기에 자식 보내 놓고 웬 고스톱이냐고 힐난할지 모

르겠다. 그러나 그게 아니었다. 우리는 어떻게든 살아야 했고 다행히
도 고스톱이 우리 삶에 찾아온 것이다.

　아들이 살아 있을 때는 왜 이런 시간을 갖지 못했을까? 왜 혼자서 오
락만 하도록 내버려 두었을까? 목표에 질식되었던 아들에게 숨 쉴 수
있는 이런 여유로운 웃음을 줄 수 있었다면 얼마나 좋았을까? 때늦은
후회이지만 인생을 살면서 진지함과 목표만 중요한 것은 아니라는 것
을 알았다. 유머도 중요하다. 아마 아내나 딸도 나와 같은 생각일 것이
다. 우리는 마음으로 울면서도 서로를 위해 웃었다.

　대리운전도 하고 고스톱도 치면서 시간을 보냈다. 그렇게 3개월 정
도 시간이 지났다.

　점차 술을 조절할 수 있게 되었다. 차츰 일상으로 돌아오려고 무지
애를 썼다. 틈나는 대로 집사람과 같이 일을 하려고 의식적으로 노
력했다. 무조건 같이 있으려고 했다. 밤에 혼자 집사람을 놔두고 일
을 나가면 마음에 불안감이 밀려왔기 때문이다. 일손도 잡히질 않았
다. 그렇게 시작이 되었지만 이제 집사람은 어엿한 사업 동반자가
되었다.

자작나무

　　　　　　　　　　　술과 담배로 고통을 달래다
가 우연히 인터넷에서 '자작나무'를 알게 되었다. 자작나무는 서울시
자발예방센터에서 운영하는 자살유가족 자조 모임이다.

　자작나무 사무실을 찾은 날, 아! 나는 처음으로 타인 앞에서 울음을
터뜨렸다.

　비로소 내가 울지 못했다는 것을 알았다. 다른 사람들 앞에서는 더
더욱 그러지 못했다는 것도 알 수 있었다. 고통을 짊어진 사람일수록
먼저 울기부터 해야 한다는 것을, 요컨대 '울어야 한다'는 것을 일깨
워 준 곳이 자작나무였다.

　나는 아들을 보낸 후 고통의 시소게임을 하고 있었다. 어느 쪽 고통
이 더 큰지 그것만 재고 있었다. 그런데 몰랐던 것이 있었다. 고통의
시소 저쪽에 자리를 잡아야 하는 것이 울음이라는 것, 고통을 울음으
로 표현해야 한다는 것. 비로소 자살유가족들과 센터 상담자들을 통해
알 수 있었다. 상담자들과 대화를 나누면서 나 스스로 내 고통에 연민
을 느낄 수 있었다.

　자작나무에 나가면서 나 말고 다른 자살유가족들도 눈에 들어오기
시작했다. 그 분들과 만나 대화를 나누면서도 내 고통을 마주 대할 수
있었다. 많이 치유될 수 있고, 내 고통을 다른 시선으로 볼 수 있었다.

자살유족들과의 나눔 시간을 나는 영원히 잊지 못할 것이다. 지금도 마음 깊이 소중히 간직하고 있다.

심적 고통은 눈에 보이지는 않는다. 나와 가족들은 다친 채 마음에 장애를 품고 살고 있다. 그러나 우리만 심적 장애가 있는 것은 아니다. 아마도 장애를 지녔다고 해도 닉 부이치치처럼 당당하게 살아가야 한다고 말해야 할 것이고 그것이 중요하다는 것은 잘 안다. 두 팔이 없어도 두 팔이 없는 상태에서 삶을 개척해 가면서 용기와 희망을 주는 삶을 두고 누가 시비를 걸 수 있을까. 결국 장애를 지녔으면서도 다른 장애를 위로할 수 있을지가 관건이고, 장애임에도 장애를 잊고 살 수 있을지가 관건이고, 장애임에도 오늘 하루를 내일이 없는 것처럼 살 수 있을지가 관건인 것이다. 또한 장애를 가졌으면서도 현재 여기서 생각이 늘 머물 수 있을지가 관건이며, 장애인임에도 비장애인들과 교류하며 친밀하게 살 수 있을 지가 관건일 것이다.

나는 심적 장애를 겪고 있다. 얼마의 시간이 흘러야 이런 고통에서 자유로울 수 있을까? 솔직히 말한다면 그런 날이 올 수 있을지 의문이다. 그렇다고 해서 좌절해야 한다는 것은 아니다. 나는 오히려 성급한 희망보다는 찬찬히 한 걸음 한 걸음 살아가는 것이 우리가 갈 길이라 생각하고 있다.

오늘도 나는 내일은 있지만 내일을 의식하지 않는 삶을 치열하게 구하고 있다. 아들은 갔지만 곁에서 나를 기다리고 있음을 뺨을 스치는 바람에도 난 알고 있다.

자작나무는 나처럼 '심적 상처를 크게 입은 장애인들' 의 자조 모임이다. 세상에서 가장 끔찍한 일을 겪었음에도 불구하고 고통을 이겨내고 삶의 의미를 찾으려는 사람들의 애처로운 모임이다. 그러나 지옥에서도 꽃은 피는 법이다. 우리는 서로에게 의지하며 살 길을 찾는다. 이 것은 부정적 의존이 아니라 긍정적인 협업 작업이다. 왜냐하면 서로 의지하면 조금이나마 슬픔이 덜해진다는 것을 똑똑히 경험했기 때문이다.

나는 2년이 넘도록 자작나무 모임에 나오고 있다. 나같이 '심적 장애' 를 입은 사람들이 이제는 세상에 더 이상 없기를 바란다. 그러나 이미 엎질러진 물이라면 어쩔 수 없겠지. 그러면 여기에 나와야 한다. 다만, 시작이 있으면 끝이 있는 법이니 어느 정도 그때의 상황을 통제할 수 있어서 그만 나오기를 바란다. 새롭게 주어진 것이든, 원래의 것이든, 일상을 살아가기를 바라기 때문이다.

그러나 불행하게도 많은 분이 앞으로도 계속 나오게 될 것 같다. 요즘 세상이 험하지만 슬픈 것은 세상의 잘못을 자기 잘못으로 여기는 사람들이 의외로 많다는 점 때문이다. 요즘 자칭 '잉여 인간' 이라 하는 사람들이 있다고 한다. 사람은 스스로 존재하는 것인데 어떻게 잉

여일 수 있다는 것인지 마음이 아프다. 이럴 때 자기를 공격하는 방식으로 자살을 시도할 확률이 높다. 그러나 그래서는 안 되는 것 아닌가? 어떤 경우이든 자신에게 문제가 있다고 생각해서는 안 된다.

자작나무 모임에 나와도 사실 박수 칠 일도 없고 웃고 떠들 일은 없다. 자작나무는 이야기하고 이야기를 듣고 그러면서 아픔을 공감하는 모임이다. 물론 쉬운 일은 아니다. 그래도 가야 할 길은 가야 한다. 아픔이 공명되면서 새로운 뭔가를 얻기도 한다.

이런 모임을 운영한다는 것이 얼마나 어려운 일인지 조금이나마 짐작이 된다. 마음속으로는 늘 있었는데 제대로 표현하지 못한 말을 여기서나마 하고 싶다.

"상처 입은 사람들을 위해 애써 주시는 분들에게 이 지면에서나마 감사를 드립니다."

나는 자작나무에서 유족들과 만나 얘기를 나누고 서로 심정을 토로하며 많은 치유와 위로를 받았다.

두 번째 인생각본

유년의 비극

이제 약 올릴 아들도 가고 없고 성이 차지 않았던 아들도 가고 없다. 아들을 위축시켰던 목표라는 게 다 뭐란 말인가? 나는 어리석게도 일이 생긴 후에야 그 목표라는 게 정말이지 허무한 것임을 알았다. 이제는 조금이나마 정신을 차렸다. 비로소 내 자신을 상대화해서 볼 수 있게 되었다.

'아버지, 아버지는 어떤 목표로 살아오셨어요?'

아들의 죽음은 결국 내 자신을 다시 돌아보라는 것이었다.

나는 한국현대사에 관심이 많다. 책도 많이 읽었고 공부도 많이 했다. 나는 현실에서 전개되는 역사적 흐름을 잘 읽어낸다고 자부하고 있다. 그것이 가능한 것은 내 나름대로 관점을 가지고 역사를 바라보고 있기 때문이다.

나는 정의의 관점으로 한국현대사를 본다. 이런 관점으로 우리 역사를 보면 불의한 현실이 분명히 드러난다. 울분을 삼킬 때가 한두 번이 아니다. 그런데 처음에는 이런 울분이 내가 살아온 세월과는 상관이 없는 줄 알았다. 역사관을 형성하는 것은 지식에서 나온다고 생각했기

때문이다. 그러나 그게 아니었다. 내 자신을 짚어 보기 시작하자 내 역
사관이 형성된 뿌리를 볼 수 있었다.

내 역사관에 커다란 영향을 끼친 것은 10대 시절 읽었던《동아일보》
의 "횡설수설"이었다. 거의 하나도 빠뜨리지 않고 "횡설수설"을 읽으
며 역사를 보는 눈을 키웠다. 10대의 예민했던 시절이었으니 마치 마
른 스펀지가 물을 빨아들이듯 한 줄 한 줄 마음에 새겼다. 지금도 이때
읽었던 구절로 역사를 해석하기도 한다.

그럼에도 불구하고 내 역사관의 원형은 한국현대사의 커다란 비극
인 한국전쟁과 이 전쟁에 얽힌 나의 가족사에서 형성된 것 같다.

매일 밤 부엉이는 울었고 우리는 솜이불 속에서 숨죽이며 밤을 새워
야 했다. 이것이 내 유년의 기억에 남아 있는 나와 우리 가족, 동네 사
람들, 그리고 우리 민족의 역사적 비극이다.

아버지는 전남 장흥의 경찰서장 겸 빨치산 토벌대장을 하셨다. 어릴
적 아버지는 동네 사람들이 집으로 찾아오면 종종 6·25 때 빨치산을
어떻게 토벌했는지 말씀해 주시곤 했다. 어릴 때라 정확하게 기억이
나는 것은 아니지만, 아버지 무용담을 들으며 잠에서 깨곤 했다. 그런
기억의 조각들은 지금도 여전히 마음에 남아 있다.

순천 지역은 소설《태백산백》에서도 주요 무대로 등장하는 격동지
였다. 낮이면 토벌대 세상이었고 밤이면 빨치산 세상이었다. 누구라도

어느 한쪽에 붙어 싸우지 않으면 목숨을 부지하기 어려운 곳이었다. 비운의 시기였고 공포가 지배하던 지역이었다. 아버지는 토벌대장이었으니 땅거미가 지기 시작하면 생사를 건 공포를 견뎌야 했다. 우리 가족은 빨치산에게 보복을 당할 것이라는 불안함에 떨면서 어서 밝은 태양이 떠올라 밖으로 나갈 수 있기를 기다렸다.

그 시절은 '상호복수의 악순환'으로 요약될 수 있다.

다음은 내가 어떤 카페에 올린 글이다.

어제 못 한 얘기가 있어요. 6·25가 터졌고 저희 고향에는 빨치산과 군경 사이의 전투가 치열하게 벌어졌습니다. 낮에는 군경들이 와서 죽이고 밤에는 빨치산들이 그랬죠. 그러나 그건 군경들만의 전투는 아니었습니다. 민간인들도 살기 위해서는 어느 한쪽에 붙어야만 했습니다.

지주였던 아버님은 당시 장흥 경찰서장 겸 토벌대장으로 수많은 격전을 치렀습니다. 그 결과 6·25가 끝나고도 십수 년간 경찰 가족 출신과 반대 세력의 복수극은 계속 되었죠. 빨치산은 사실 나쁜 사람들은 아니었습니다. 대부분은 살아남기 위해서 그랬을 겁니다. 한 통계를 보니까 민간인 학살의 경우 남쪽이 저지른 게 80퍼센트 정도 된다고도 하네요.

아무튼 전쟁이 끝났지만 전쟁은 끝나지 않았습니다. 새로운 전쟁이 비로소 시작된 것이죠. 아버님은 가족들을 지키기 위해서 밤이면 장독대에 총을 숨겨 놓고 보초를 서야 했습니다. 급습 정보가 있는 날은 어머니와 갓난애였던 우리는 솜이불을 뒤집어쓰고 숨죽이고 있었습니다. 왜 솜이불이었을까요? 총알이 솜이불은 뚫지 못한다네요. 그때 어머니와 이불 속에 있을 때마다 어디선가 부엉이가 울곤했어요. 밖이 깜깜해서인지, 불도 켜지 못한 채 솜이불 속에 있어서인지, 어린나이였으면서도 이 비극이 도대체 언제 끝날지 암울한 마음을 품어서인지, 제 기억 속에는 '깜깜한 밤마다 부엉이'가 울었습니다.

그 당시만 해도 부엉이가 있었습니다. 전 지금도 부엉이 소리를 생각하면 어머님 생각, 아버님 생각, 솜이불 생각이 아른거립니다. 여전히 가슴 한구석이 아려 온답니다. 지금이야 '처자식 먹여 살리는 정도'가 저 같은 가장이 하는 일이지만 당시에는 달랐죠. 당시는 목숨까지 책임을 져야 했습니다. 어른이 되어 힘이 들 때면 가족의 목숨을 지키기 위해 밤새 장독대에 숨어서 경계를 서시던 아버님 생각에 눈시울을 적십니다.

6·25 끝은 참으로 처참했고 후유증도 만만치 않았다. 우리 가족의

비극도 나의 유년기 배경에 깔려 있는 트라우마였다. 아마도 그때부터였을 것이다. 나는 상호보복의 악순환을 끊어야 한다는 생각을 키워왔을 것 같다.

역사에서는 관점을 중요하게 여긴다. 비단 역사만 그런 것은 아니고 우리 일상에서도 관점이 중요하지 않을까? 우리가 살아가는 데에, 그리고 세상사를 이해하는 데에 관점이 중요하다는 사실을 누구도 부인하지는 못할 것이다.

나는 지옥을 경유해 지금 여기에 이르렀다. 지금 여기에 이른 나를 과연 누가 이해할 수 있을까? 많은 친구, 친족…… 모두 나를 위로해 주려고 했다. 그때마다 감사했다. 그러나 내 생각에 그들은 내 슬픔을 진정으로 이해하지 못했던 것 같다. 물론 서운하다는 얘기를 하려는 것은 아니다. 그때는 서운한 마음도 들었지만 지금은 그렇지 않다. 뭔가를 이해했기 때문이다. 그것은 어쩔 수 없는 일이었다. 관점이 다르기 때문이다.

모기의 관점으로 이 상황을 보자. 만약 내가 모기에게 제발 내 피를 조금만 덜 가져가라고 애원한다고 해도 달라질 것이 있을까? 아무 소용이 없다. 모기는 좌우지간 내 피를 먹어야 한다. 왜냐하면 내 피를 먹고 단백질을 보충해야만 자기 새끼를 낳을 수 있고 키울 수 있기 때문이다. 새끼를 배고 낳는 절대적인 일에 내 피가 필요하다는 데에 내가 애원한다고 그 말을 듣겠는가? 모기도 자식을 키워야 하는데 사람 생각을 해줄 여유도 없고 이유도 없을 것이다. 오히려 모기에게는 그런 애원이 이상할 것이다.

어떤 관점이냐는 결국 어떤 입장에 서 있느냐이다. 어떻게 살아왔느냐에 따라 서로가 경험이 다르고 이해관계도 다르다. 따라서 입장이 상이한 것이고 결국 세상을 바라보고 행동하는 관점이 다를 수밖에 없는 것이다. 쉬운 일은 아니지만 그럴 때마다 '모기의 관점'을 떠올려 본다. 지금은 사람들이 나를 이해해 주지 않는다고 해도 화가 나지 않는다.

첫 번째 인생각본

역사에서 관점을 말할 수 있다면, 교류분석에서는 인생각본을 말할 수 있다. 가끔 이런 생각이 든다. '아들이 내게 준 선물이 있을 것이다.' 내게 다시 삶을 돌이켜 보고 지금이라도 늦지 않았으니 삶을 다시 살아 보라는 마음속 다짐이 아들에게서 왔음을 알기 때문이다. 아들이 내게 준 선물을 어떻게 소화할 수 있을까? 인생각본으로 나를 말해 보고 내게 닥친 이 불가사의한 현실을 진단해 보고 싶다.

교류분석에서는 대체로 다음과 같이 말한다.

우리는 일찍이 어린 시절에 각자 자신만의 인생 일화를 쓴다. 이 일화(스크립트)에는 시작, 중간, 종결이 있다. 영유아 시기에는 기본적인 줄거리를 쓰고, 유년 시절 이후에는 이야기가 자세하게 덧붙여진다. 성년이 되면서 우리는 스스로 썼던 그 인생 일화를 더 이상은 의식하지 않는다. 그럼에도 불구하고 우리는 성실하게 인생각본대로 실행하려고 한다. 의식만 못 했다 뿐이지 어렸을 때 결정되어 지속적으로 덧붙여진 인생각본에 충실한 배우로 살아가는 것이다.

인생각본을 가지고 있다는 것 자체가 문제가 될 수 없다. 어떤 인생각본을 갖고 있으며, 그것을 인식하고 행동하느냐가 중요하다. 교류분석 이론에 따르면 어느 정도 나이가 들어서는 자신이 어렸을 때부터 형성해 온 인생각본을 알아채는 것이 중요하다. 그래야 종종 적대적으로 보이는 세상에서 위기를 모면하고 생존하기 위한 최선의 전략을 스스로 찾아낼 수 있다. 각본에 맞추기 위해 현실을 왜곡해서 인식하지 않을 수 있는 것이다.

교류분석 공부를 하면서 내 나름대로 정리해 본 인생각본이다. 인생각본을 책에서 읽을 때는 잘 이해가 되지 않았다. 그런데 현장에서 마음이 아픈 사람들 이야기에 귀를 기울이면서 왜 그럴까 곱씹어 보자 비로소 인생각본이 눈에 들어왔다.

나는 '정의와 목표'라는 인생각본을 지니고 살았던 것 같다. '간절히' 소망하는 것을 목표로 갖고 용맹 정진하여 성취해 가는 것, 나는 이런 인생각본을 가지고 있었을 것이다.

물론 내가 지금 단순히 내 각본이 무엇인지 확인하고 내 상태를 진단하는 것에 그치기 위해서 각본을 말하는 것이 아니다. 비록 교류분석 상담을 하고 있지만 그런 직업적 이유로 각본을 말하는 것도 아니다. 나는 나를 불행의 늪에 빠뜨린 각본에서 벗어나기 위해 인생각본을 말하고 있다. 또한, 나를 키운 건 8할이 인생각본이었다는 내 개인사를 말하려는 것이다.

나는 초등학교와 중고등학교를 1960~70년대에 다녔다. 당시 학교에서는 시험 볼 때마다 커닝이 많았다. 어찌 보면 당연시되기도 했지만, 나는 절대로 커닝을 하지 않았다. 누구 답안지를 보지도 않았고 누가 보여 달라고 해도 보여 주지 않았다.

비단 시험뿐만 아니라 학교생활을 하다 보면 불리한 상황에 닥칠 때가 있다. 그러나 나는 어떠한 불리한 상황에서도 도망가지 않았다. 커닝하는 것도 일종의 어려운 시험이라는 상황에서 도망가는 것은 아닐까? 어린 나이에 그렇게 미련하게 굴 수 있었을까? 당시는 미련했을지 모른다. 그러나 지금 돌이켜 생각해 보면 내 나름대로 불의에 저항하는 삶이었다.

아버지는 나와 형을 비교해서 보셨던 것 같다. 형은 어머니를 닮아서 몸이 호리호리하고 공부도 잘했다. 반면 나는 힘이 너무 세다고 보신 것 같다. 힘을 조절할 줄 알아야 그 힘이 쓸모 있는 것인데 어린 나이에 나는 그것을 모르고 무조건 힘만 쓰면 다인 줄 알았다.

초등학교 2학년 때였다. 보다 못한 아버지는 나를 복싱 도장에 보내주셨다. 요즘은 복싱이 후진국 운동경기로 치부되고 심지어 다이어트 수단까지 되었지만 내가 복싱을 배울 때는 전혀 그렇지 않았다. 당시 주니어 미들급 챔피언이었던 김기수는 요즘의 박태환이나 김연아처럼 국민적 영웅이었다. 그 김기수 선수가 지금의 종로구 신설동 동대문 전화국 뒤에 도장을 운영했었다. 나는 학교가 끝나면 그곳에 가서 온종일 샌드백을 두드렸다. 그렇게 초등학교 시절을 보냈다.

복싱은 내 운명에 상당한 영향을 주었다. 나는 이것을 성장한 후에야 알았다. 욱하는 성격에 싸움을 자주 하였고 그럴 때마다 복싱 실력은 유감없이 발휘되었다. 아버지가 예상한 것과는 정반대였다. 아버지는 자식이 복싱을 배우면 힘을 조절하는 법을 알 것이라 여기셨지만 당시 나는 어렸다. 아버지는 툭하면 치료비를 물어 주느라 정신이 없었다. 그런데도 아버지는 한 번도 나를 야단치지 않았다. 아버지는 아마도 복싱 도장에 보내시면서 아들이 힘을 조절하는 법을 배우기를 바라시면서도 한편으로는 어릴 때는 싸우면서 자라는 게 정상이라고 생각하신 것 같다. 그래서인지 별 죄의식 없이 싸움하는 일이 잦았다. 나는 이 점에 대해 지금도 아버지에게 감사한 마음을 가지고 있다.

물론 나도 무조건 힘만 쓴 것은 아니었다. 복싱 실력을 좋은 데에 쓰기도 했다. 아버지가 나를 믿어 주신 것도 이 때문인 것 같다. 누군가를 괴롭히는 일에 복싱 실력을 발휘한 적은 없었다. 나는 의협심이 강한 편이었다. 약한 아이들이 괴롭힘을 당하면 참지 못했다. 내가 불리해도 나서서 그 아이들을 보호해 주었다.

당시 괴롭힘은 지금과는 차원이 달랐다. 당시는 시절이 험해도 '친구'를 때리는 경우는 없었다. 그러나 요즘 10대 사이에서 벌어지는 따돌림은 다른 것 같다. 일종의 '집단 린치'는 아닐까? 따돌림은 힘이 세고 마음이 나쁜 아이의 폭력성 때문에 생기는 해프닝이 아니라, 일상적으로 나타나는 또래 문화가 된 것 같기 때문이다. 지금 우리 사회는 공부를 잘하는 아이도 공부를 못하는 아이도, 힘이 센 아이도 힘이 약한 아이도 마치 닭장 속의 닭들처럼 누군가를 따돌리지 않으면 학교 생활을 할 수 없을 지경까지 이른 것 같다. 여기에는 피아 구별도 없고 친구와 적이 야누스적으로 공존하고 있다.

내가 어렸을 당시에는 싸워도 코피가 나면 거기에서 그쳤다. 쓰러진 아이를 때리는 것은 비겁함으로 이해가 되었고, 그런 비겁함은 나쁘다는 정서가 있었다. 그러나 요즘은 이런 정의로움에 대한 정서가 없다.

당시는 옳고 그름에 대한 판단 기준이 있었고 이것에 대해 부모님이나 주변 사람들이 말해 주곤 했었다. 그러나 요즘은 주변이나 부모조차도 이런 얘기를 할 수 없는 시대가 되었다. 정의로움이 삶의 지혜에서 사라졌다. 정의로움은 기껏해야 TV에서 보고 책으로 읽고 말해야 하는 시대가 된 것이다.

나는 육군사관학교에 들어가 군인이 되고 싶었다. 훌륭한 군인이 되어 남북통일의 주역이 되고 싶었다. 10대 때에는 다음과 같이 생각했다. '이 땅에 다시 전쟁이 날 것이다. 한반도에서 전쟁은 피할 수 없을 것이다. 그때 내가 군인으로 참전해서 통일의 주역이 되어야겠다.'

돌이켜 보니, 1970년대에 10대를 보낸 사람다운 생각이었다.

그러나 나는 꿈을 접어야 했다. 초등학교 6학년 때까지만 하더라도 전교 1등을 할 정도로 공부를 잘했고 중학교에서도 공부를 잘했던 나다. 충분히 육사에 들어갈 정도의 성적이 되었고 복싱 등 무술도 잘했다. 그대로만 진행이 되었다면 육사에 너끈히 들어갔을 것이다. 그러나 세상일이 내 마음대로 되는 것은 아니었다.

인생이 꼬이기 시작한 것은 고등학교 때부터였다. 나는 경기고를 가려고 입시 준비를 철저하게 하고 있었다. 그런데 그만 고등학교를 입학할 때쯤 입시 제도가 '뺑뺑이'로 바뀌었다. 성적과 상관없이 추첨에 의해 학교가 배정되는 방식이었다. 나는 뺑뺑이 결과 경기고와는 정반대인 '거친 학교'를 다녔다. 결국 문제는 고등학생 때 터진 셈이다.

고등학교에 진학하면서 본격적인 쌈꾼이 되었다. 다른 학교 아이들과도 싸우는 횟수가 잦아지면서 공부와는 거리가 멀어졌다. 반면 복싱뿐만 아니라 다른 격투기는 더 열정적으로 배웠다. 복싱 5단, 태권도 3단, 그리고 군대에서는 특공무술 조교까지. 이것이 한창때 내가 거둔 성적이다. 비록 나는 무술과 격투의 달인이 되었지만 그것이 진실된 내 삶은 아니었다. 왜냐하면 그것은 어린 시절 내 스스로 꾸었던 꿈을 좌절시키는 것이기도 했기 때문이다.

물론 꿈의 좌절을 이런 외부 요인으로만 설명할 수는 없을 것이다. 아무리 학교가 그래도 내가 착실히 공부를 했으면 내가 원하는 꿈을 이룰 수도 있지는 않았을까?

나는 그러지 못했다. 내가 공부와 멀어지고 복싱에 전념해야 했던 데에는 복잡한 집안 사정도 있었기 때문이다. 어렸을 때에는 자신에 대한 긍정적 이미지를 갖는 것이 중요하다. 그러나 나는 내가 문제가 있는 사람이라는 얘기를 자주 들었다. 차별심에 대한 반항심까지 겹쳐 내 이미지를 그대로 각인시켰다. 그걸 증명이라도 하듯이 쌈질만 해댔고 심지어 상대에게 중상까지 입히기도 했다.

복잡한 집안 사정을 지금 말할 수는 없다. 다만, 이런 아쉬움은 든다. 그때 집안 사정이 괜찮아서 내가 공부하는 데에 용기를 얻고 격려를 받을 수 있었다면 나는 복싱을 그만두고 학업에 정진했을지도 모르겠다. 그러나 지금은 다 지난 얘기이다.

나는 언제부턴가 꿈을 접어야 했다. 요즘도 원하지 않는 일을 하고 있다. 자식을 낳은 이후 세상 모든 고민이 내게로 왔다. 자식 얘기, 교육 얘기, 세상 얘기…… 고민을 그냥 두지 않고 나는 내 방식대로 문제를 해결하려고 노력했다. 그렇게 열심히 살았다. 그러나 생각하지 못한 것이 있었다. 나는 어린 시절 형성된 인생각본을 새로운 상황에 맞춰 변화시킬 줄 모르고 그대로 유지한 채 자식을 키웠던 것이다.

사소해 보일지 모르나, 내가 걸어온 길은 내 나름대로 정의의 길이었다. 자식도 정의로운 사람이 되길 바랐고 목표 의식이 분명하기를 바랐다. 내가 옳았다고 생각했다. 나는 내 인생각본에 충실하게 살았고 아들에게도 그런 삶을 요구했었다.

그러나 내가 몰랐던 것이 있었다. 만약 내가 복싱을 하지 않고 쌈을 잘하지 못해서 맞고 다녔다면 어땠을까? 맞고 다녔던 우리 아이를 이해할 수 있었을 것이다. 누가 건드리면 반항할 줄도 모르고 따돌림도 당하던 아이였다. 그런 아이에게 나는 모욕감을 주면서 목표를 가지라고 계속 몰아치기만 했다.

회한이 서린다.

두 번째 인생각본

소 잃고 외양간 고친다는 말
이 있다. 살면서 가장 밀도가 높았던 지난 2년 반 동안 치열하게 살았
고 그 과정에서 인생각본에 변화가 왔다.

우선은 사람에게 각본이 매우 중요한 것임을 알게 되었다. 내 아들
은 이미 네 살 때 자살 욕구를 느꼈다. 누구나 그 나이 때는 뭣도 모르
고 그런다고 할지 모른다. 물론 그럴 수 있다. 그러나 20대 중반이 되
어서도 그 시점을 정확하게 기억하는 사람은 매우 드물다. 내 아이는
어째서 네 살 때 자살 욕구를 그토록 정확하게 기억하고 있었을까?

나는 아들을 이해하려고 본격적으로 노력하면서 교류분석을 공부했
다. 그 과정에서 한 인간에게는 세상을 이해하고 살아가는 일종의 시
나리오가 있으며 그것이 매우 중요한 것임을 알 수 있었다.

나는 사람들을 볼 때 인생각본의 시선으로 본다. 어떤 인생각본을
가지고 있을까를 되짚어 보는 것이다. 나 역시 그런 시선으로 돌아볼
수 있었고 내가 특정한 인생각본으로 살아왔음을 알게 되었다.

우리 아이는 어땠을까? 여전히 안갯속이다. 잘 모르겠다. 아들이 구
체적으로 어떤 인생각본을 가지고 세상을 살았는지는 알 길이 없다.

또한, 각본은 고정불변이 아니라 변화할 수 있다는 것도 알게 되었
다. 무엇보다도 내 인생각본이 조금 변화하고 있음을 느끼기 때문에

이 점만은 분명히 말할 수 있다.

앞서 말한 대로 나는 정의와 목표 지향의 각본을 지니고 살아왔다. 정의롭지 못한 것을 참을 수 없었고 무슨 일을 하든지 확실하게 목표를 정하고 임했다. 아들이라고 해도 예외가 될 수 없었다. 아니 어쩌면 아들이 예외였는지도 모르겠다. 아들을 사랑하는 만큼 아들에게는 더 철저하게 정의로운 삶과 목표 지향적인 삶을 갖도록 교육시켰기 때문이다.

그러나 아들은 끝내 목표가 없이 살았다. 초등학교에 다닐 때부터 마지막 날 밤까지도 나는 묻고 또 물었다. 그러나 나는 아들의 "아직 모르겠어요"라는 답에 화만 냈다.

그날 나는 아들에게 "B학점 이상은 되어야지 아빠 친구들에게 전화라도 한 통 하지"라며 학점까지 들먹였다. 아들을 이해하기보다는 어떡해서든지 목표를 가지고 살도록 독촉했던 것이다. 결국 아들은 선택을 했다. 유서를 보는 순간 아들의 죽음이 내 삶의 방식, 내 인생각본과 무관하지 않음을 알 수 있었다. 변해야 했던 사람은 나였다. 내가 변했어야 했다.

어렸을 때 집에서 기르던 개가 있었다. 개는 나를 무척이나 따랐다. 나는 고기를 먹다가도 항상 일정량은 으레 '쫑'의 몫으로 생각했다. 쫑은 진돗개 잡종이었다. 나는 쫑 털 속에 숨어 있는 벼룩을 잡아 주곤 했다.

쫑도 내게 의리를 지켜 주었다. 한번은 큰 홍수로 집에 오기 어려울 때가 있었다. 그때 이 녀석이 나에게 헤엄쳐 왔다. 나는 쫑의 꼬리를 잡고 헤엄쳐 무사히 집으로 돌아올 수 있었다. 쫑과 함께하면 그 어떤 산길도 무섭지 않았다.

쫑은 고라니나 토끼도 곧잘 잡았다. 쫑이 쥐를 잡아 오면 아버지는 머리를 쓰다듬어 주시곤 했다. 그러자 이 녀석은 밤마다 쥐를 잡아 와서는 우선 마당에 내려놓고 기다렸다. 가만히 기다리다가 아버지가 칭찬을 해준 다음에야 쫑은 쥐를 먹었다. 용감한 쫑이 칭찬에는 약했던 것이다. 개나 사람이나 칭찬에 약하고 악담에 독하다는 걸 너무 늦게 알았다.

아들에게는 아들 인생각본이 있었고 나에게는 내 인생각본이 있었음을 알아야 했다. 그러나 나는 끝내 그러지 못했다. 아들을 보낸 후 고통스럽게 참혹한 시절을 겪어 오면서 깨달은 것이 한도 없고 끝도 없다. 인생각본도 새롭게 볼 수 있었다. 인생각본은 변하는 것이고 나는 그 변화의 조짐을 깨달아가는 중이다.

각본을 믿지 못하는 사람들은 세상에 그런 것이 어디 있느냐 할지 모른다. 그러나 나는 그렇게 생각하지 않는다. 내가 세상사를 헤쳐 나가는 방식과 아들이 세상사를 헤쳐 나가는 방식은 확연히 달랐는데 나는 이런 차이가 인생각본의 차이에서 비롯된 것이라고 생각한다.

앞서 말한 대로 나는 아들이 죽은 후 아들이 다닌 대학에 가서 심리 상담 기록을 읽었다. 그 기록에 의하면 아들은 네 살 때 죽음을 진지하게 생각했다고 한다. 이것 자체가 특이하다고 생각하지는 않는다. 나도 다섯 살 때 죽음을 처음으로 진지하게 생각했기 때문이다. 차이는 아들과 내가 죽음을 대하는 태도가 달랐다는 점이다. 아들은 네 살 때 엄마에게 회초리를 맞은 후 너무도 낙심한 나머지 자살 욕구를 느꼈다고 했다. 아들은 역경에 부딪혀 죽음이 생각났을 때 자살 욕구를 느꼈던 것이다. 나는 전혀 그렇게 생각한 적이 없었다. 이 차이가 어디에서 왔는지 모르겠으나 동일한 사건을 해석하는 것은 다르지 않은가?

어렸을 때 나는 시골에서 컸다. 시골은 어린애들에게는 모든 게 놀이터이다. 개구리나 뱀도 손으로 잡아서 돌리고 소 등에도 올라타고, 개 위에도 올라탔다. 어느 날이었다. 늘 그랬던 것처럼 뱀을 잡아 돌려 땅에 패대기를 치려고 달려가서 뱀 꼬리를 잡았다. 그런데 뱀이 워낙 커서 논둑 속으로 들어가려고 했다. 힘을 쓰는데 그만 내 힘이 달려서 미끄러져 나도 빨려들 것 같았다. 나는 동무들에게 소리쳤다.

"야, 동무들아 도와줘!"

그때 한 동무가 와서 내 배를 뒤에서 같이 잡아당겨서 그 큰 뱀을 마침내 끄집어낼 수 있었다. 우리는 온갖 방법으로 뱀을 죽여서는 냇물

가운데 던져 버렸다. 뱀은 서서히 물속으로 가라앉았다. 그러자 주변의 큰형뻘 되는 애들이 나를 겁주기 시작했다. 뱀은 죽으면 물에 뜨는데 가라앉았으므로 복수를 하고야 말 거라고.

그 말을 내내 생각하다가 너무 걱정이 되어서 한밤중에 가족들 몰래 빠져나가서 뱀을 버렸던 냇가에 나가 보았다. 종이랑 그곳에 가 보니 정말 뱀은 온데간데없이 사라지고 말았다. 달빛만 교교히 냇물에 아롱지던 기억이 지금도 선명하다.

두 달 뒤, 그때 뱀 꼬리를 잡고 나를 도와주었던 동무가 전염병으로 죽었다. 섬뜩했다. 내 가슴을 아프게 하는 이 사건은 지금도 분명하게 마음에 각인되어 있다. 아마 그때 나이가 다섯 살이었던 것으로 기억한다. 이 사건이 이렇게 오래 기억에 남아 있는 이유는 무엇일까? 기억력이 좋기 때문인가, 아니면 내 기억이 들어가 있는 어떤 이야기 구조 때문인가? 나는 후자라고 생각한다. 나는 그것을 뱀의 복수라고 해석을 했을 것이다. 그것은 내 안에 당시 생명을 해코지하면 그로 인해 벌을 받을 것이라는 인과응보 관념이 있었기 때문은 아닐까.

나 역시 매우 어렸던 다섯 살 때 죽음을 처음 접했다. 그러나 나는 자살 욕구보다는 인과응보로 죽음을 이해했다. 이런 인과응보도 결국 정의의 시선이라 생각한다. 내가 정의의 시선으로 세상을 본다는 것은 그 아래 이런 이야기들이 스며 있다는 것을 의미한다.

인생각본을 중심으로 분류해 보면, '인생각본을 유난히 거부하는 사람' 과 '인생각본을 자유자재로 활용하는 사람' 으로 나눌 수 있다. 나는 후자에 속하는 사람이다.

인생각본을 이해하기 시작하면 그 각본에 뭔가 변화가 온다.

내 두 번째 인생각본에서 중요한 것은 '유머' 다.

나는 지난 2년 반을 지내면서 유머 또는 쾌활함의 가치를 새롭게 알게 되었다. 그전의 내 인생에서는 별다른 비중을 차지 않는 것이었지만, 아이러니하게도 지옥의 문이 열린 다음에야 유머를 알게 되었다. 유머는 우리에게 꼭 필요하다. 살기 위해서 발버둥 치면서 깨달았다.

나는 이제 안다. 정의로운 삶을 실천하는 데에 쾌활함보다 현명한 전략이 없다는 것을. 정의의 인생각본이 근본적으로 바뀐 것은 아니다. 그러나 인생각본으로 유머가 활용 전략으로 들어오면서 각본이 변했다고 할 수도 있을 것 같다.

점차 두 번째 인생각본대로 살아가고 있다. 그래, 이제는 유머러스한 정의가 나의 인생각본이라 할 수 있을 것 같다. 나는 아들의 죽음 이후에야 비로소 웃기고, 칭찬하고, 포옹하는 삶을 살고 있다.

부드러운 그림은 강력한 힘에서 나온다

이제 글을 마무리한다. 자작나무 모임은 지난 2년 반 동안 내 삶을 지탱해 준 '희망의 나무'였다. 나는 내 스스로 한 그루의 자작나무가 되어 자살의 비극을 막고 싶었다. 그런 노력을 세상에도 말해 주고 싶었다.

나는 고통에 대해 다음과 같이 생각하게 되었다. 사기당하는 것은 사행심이 있기 때문이다. 우리는 여러 번 사기를 당하고 나면 비로소 그것을 깨닫게 된다. 나는 극한 고통을 겪었다. 이보다 더한 고통은 없을 것이다. 오직 죽음만이 남았다. 그러나 그 사건 후 수련하고 단련하며 살아왔다.

지금은 이런 생각도 든다. 결국 이 극한 고통도 일상의 고통이구나. 나만 불행한 것은 아닐 것이다. 저기 자살의 비극을 겪지 않았을 저 사람들도 나와 비슷한 일상의 고통으로 힘들어하겠구나. 비록 고통스럽지만 나만이 겪는 것은 아니다.

이제 비로소 나는 나만이 고통을 겪는 게 아니라는 사실을 받아들일 수 있게 되었다. 그리고 타인의 고통을 수용하고 헤아릴 수 있게 되었다.

왜 인간은 고통에 시달리나?

생사의 도리를 알아 가는 공부 과정에서, 태어났다는 것 자체가 고통이겠구나 싶은 생각도 들었고 그래서 아이가 고통이 없는 곳으로 갔다는 것에 묘한 안도감까지 들었다. 아이는 저곳에서 오히려 편하게 잘 살고 있을 것이다. 사람이 오래 살다 보면 자식의 죽음도, 심지어 손주들의 죽음도 봐야 한다. 아들과 생전에 여행을 해야 했었다. 호스피스 활동을 하면서 배운 것이다. 그래, 지금 여기가 중요하다.

이제 슬픔이 아름답다는 것도 알아야 하지 않을까? 우리는 그동안 군사 문화에 지배당해서 슬퍼할 줄 몰랐다. 슬퍼할 수 있다는 것은, 슬픔을 나눌 수 있다는 것은 좋은 일이고 우리가 지향해야 할 새로운 문화이다. 우리는 회피하기보다는 자기 방식대로 고통에 대면하면서 슬퍼할 줄 알아야 한다. 슬프지 않다는 것은 거짓이다. 이것은 생명의 문제이다.

그동안 우리에게는 슬퍼할 수 있는 장소가 없었다. 슬퍼해서는 안되는 억압적 문화가 지배적이었다. 그러나 이제 더 이상 군사 문화에 억눌려 지내지 말자. 자기 혼자 회한만 하지 말고 당시 상황을 공적 장소에서 이야기하면서 함께 슬퍼하자. 우리에게는 장례식장 말고도 함께 슬퍼할 수 있는 장소가 필요하다.

슬프지 않다거나 슬퍼해야 무슨 소용이 있느냐고 하는 것, 그리고 슬픔은 나약함을 의미하는 것이니 눈물을 흘리지 말아야 한다는 것은 우리 시대의 비극이다. 이 비극은 군사 문화가 잉태한 것이다. 우리가 살아온 지난 반세기는 군사 문화가 지배했다. 우리는 이제 슬픔이 아름다운 줄 알아야 살 수 있다. 슬픔이 새로운 문화가 되어야 한다.

무슨 염치로 아버지와 아들의 관계에 대해 내가 말할 수 있을까마는, 그래도 지옥을 겪어 온 사람으로서 해주고 싶은 말이 있다.

"아이가 마음에 들지 않더라도 아이에게 상처를 주지 마세요. 나쁜 아이가 되어도 괜찮으니 제발 꽃으로도 아이를 때리지 마세요. 이것은 다 너를 위해 피어난 꽃이라고 말하지 마세요. 세상이 호락호락하지 않으니 정신 차리고 살아야 한다는 꽃으로도 때리지 마세요. 그냥 자식을 지켜봐 주면서 믿어 주세요."

삶에 정해진 의미는 없는 것 같다. 내가 의미를 부여하면 의미가 되고 내가 살아야 할 이유가 있다면 이유가 된다고 생각한다. 그렇게 이미 정해진 의미로부터 자유로울 수 있다면 좋겠다. 그러면 좀 편해진다. 살아야 할 이유와 의미를 찾는 데 인생을 낭비하고 괴로워하질 않길 바란다.

마지막으로 이 말을 하고 싶다.

"부드러운 그림은 강력한 힘에서 나온다."

자작나무

둘

순종의 세월에 딸이 보내 준 선물

딸은 엄마가 엄마 삶을 살기를 바란다는 생각이 들었다. 순종의 세월을 살면서 나는 내 삶을 살지 못했다. 그것이 딸에게도 부정적 영향을 끼쳤을 것이라는 죄책감이 있었는데, 딸은 오히려 내게 그러지 말고 지금이라도 늦지 않았다는 점을, 그리고 비록 자기는 먼저 가지만 엄마는 새로운 삶을 살라고 말해 주는 것 같았다. 나는 딸이 가면서 내게 이런 선물을 주었다고 믿는다.

딸을 보내던 날

        그날도 변함없이 아들을 차에 태워서는 독서실에 데려다 주고 집으로 돌아왔다. 채 20분도 걸리지 않았다. 그 시간에 딸아이는 혼자 집에 있었다.

아! 집에 돌아온 나는 영원히 잊지 못할 모습을 보았다. 어떻게 119를 불렀는지도 모르겠다. 5분도 되지 않아 119가 들이닥쳤다. 구조대원들은 아이를 급히 태웠다. 거리는 차들로 막혔고 차는 속도를 내지 못했다. 내 속은 타들어갔다.

응급실로 뛰어갔다. 심폐소생술만 40분을 했다. 쿵, 팡, 쿵, 팡. 기계는 내 아이의 가슴을 사정없이 내리눌렀다. 갈비뼈가 다 부러져 나가는 것 같았다. 결국 딸아이는 응급실에서 40분을 더 고통스러워하다가 이 세상을 떠났다. 그러나 나는 아이를 영안실에 데려가는 것을 거부했다. 아이가 지옥에 떨어질까 무척이나 두려웠기 때문이다. 성당에 다니던 딸아이가 그렇게 갔으니 아이가 벌을 받을지도 모른다는 공포감 때문에 장례식장에서 정신을 차릴 수가 없었다.

그래도 정신을 차려야 한다는 것을 알았다. 아이를 지옥으로 보낼 수가 없었기에 나는 누구하고도 타협하지 않았다. 신부님 모시고 안수

기도를 받지 않으면 내 아이를 그냥 보낼 수가 없다고 버티었다. 감사하게도 신부님은 어려운 여건에서도 내 심정을 헤아려 주신 것 같다. 셋째 날, 신부님은 장례식장에서 장례미사를 집전해 주셨다. 문상을 온 교인들이 일일이 성수를 뿌리도록 천천히 미사를 집전해 주었다. 미사는 30분 동안 이어졌다. 비로소 안심이 되었다. 이례적인 일이었을 것 같다. 다행히 딸아이는 그 황폐한 가슴에 촉촉이 물기를 머금을 수 있었다.

　나는 지금도 아이가 그날 미사를 받으며 떠났다고 믿는다. 딸아이는 자기를 기억하는 모든 사람들의 진심어린 슬픈 축복을 받으며 하늘나라로 갔을 것이다. 나는 굳게 믿는다, 아이가 저 하늘나라에서 잘 지내며 나를 기다리고 있을 거라고.

　장례식장이 텅 비어 있을 줄 알았다. 그러나 성당 사람들, 이웃 엄마들, 딸 친구 엄마들, 아들 친구 엄마들…… 장례식장은 발 디딜 틈이 없을 정도였다. 한 분 한 분 내게 각별한 위로의 말을 전해 주었다. 같이 부둥켜안고 울어 주었다. 그 자리가 텅 비어 있었다면, 만약 진실한 위로를 받지 못했다면 나는 그 시간을 견딜 수 없었을 것이다. 성당 사람들은 커다란 버팀목이 되어 주었다. 비록 슬픔을 이기지 못한 시댁 식구의 격한 표현으로 마음고생도 컸지만, 지금도 딸아이를 보냈던 그때 나를 진실로 위로해 주던 손길을 감사히 기억하고 있다.

아이가 떠난 후 매일 집을 나가 100일 동안 기도를 드렸다. 기도를 드리면서 아이가 천당에 갔다는 것을, 천당에서 편안하게 있다는 것을, 천당에서 천사가 되었다는 것을, 마음 깊은 곳에서부터 서서히 알 수 있었다. 100일 기도를 마친 후 마음이 많이 편안해졌다.

딸을 보낸 집에서

아이와 살던 집에서 살기가 힘겨웠다. 비통함 못지않게 공포감이 감당할 수 없을 정도로 컸기 때문이다.

불 꺼진 아이 방은 시커먼 동굴 같았다. 너무도 무서웠다. 그곳으로 눈길조차 돌릴 수 없을 정도로 공포심이 몰려올 때가 한두 번이 아니었다. 저녁이 되면 아이 방에 전등을 켜두곤 했다. 그러나 자다가 일어나 보면 방 불빛이 너무도 환해서 온 신경이 그리로 갔다. 공포가 몰려왔지만 그곳으로 가지 않을 수도 없었다. 공포감에 온몸을 덜덜 떨면서 불을 끄러 가곤 했다.

낮에 혼자 있을 때도 무슨 소리라도 나면 신경이 곤두서 머리가 쭈
뼛쭈뼛 서곤 했다. 베란다 세탁기가 있던 그 자리에서, 아이가 마지막
으로 있었던 그 자리에서 어떤 형상이 보일 것 같았다. 장례 끝나고는
아이가 마지막으로 있었던 그곳만 보였다. 잘 때도, 불을 켤 때도, 불
을 끌 때도, 집 안을 다니다가도, 눈길이 그곳으로만 갔다.

에세이 모임에 참여했던 한 분은 나와는 다른 경험을 이야기해 주었
다. 그 분은 3개월 동안 아이 방에서 일부러 잤다고 한다. 매일 밤 울면
서 잠들었지만 무섭진 않았다면서. 여러 가지 이유가 있겠지만 상황이
좀 달랐던 점도 있었을 것 같다. 그분 아이는 집 안에서 그러지는 않았
다. 나는 그 끔찍한 모습을 내 눈으로 보았다. 그것이 얼마나 공포스러
운지는 아무도 모를 것이다.

벗어나고 싶었다. 이사를 가고 싶었다. 그러나 남편은 반대했다. 남
편은 좋게 생각하자고 했다. 자식들을 키운 곳이니 무섭고 힘들더라
도 집을 지키고 있자는 것이다. 남편은 심지어 딸아이 유골함을 집에
두고 싶다고까지 했다. 그러나 나는 남편과 달랐다. 두려웠고, 엄청난
공포감으로 아무것도 할 수 없었다. 태어나 이렇게 무서웠던 적이 없
었다.

어느 날이었다. 한번은 캐나다로 이민 간 이웃에게서 전화가 걸려왔

다. 나는 딸 방이나 마지막 간 자리 곁에서 사는 게 얼마나 공포스러운 지 말했다. 당시는 정말이지 말하지 않으면 미칠 것 같았던 시간이었 다. 그러나 아무에게나 이런 얘기를 할 수는 없었다. 다행히 전화기 저 편에서는 위로의 소리가 들려왔다.

"공포에 떠는 것은 지극히 정상이예요."

"딸이 엄마와 정을 떼려고 하니 보내 주세요."

참 감사했다. 딸아이 때문에 공포에 떨면서 많이 힘들었는데 그 말 이 얼마나 위로가 되었는지 모른다.

순종의 세월

순종적이었던 딸

딸아이는 16년을 살다 갔다. 부모에게 순종적인 아이였다. 그러나 사건을 겪은 이후에 생각해 보니 과연 아이가 순종적이었는지 의문이 든다. 순종적이었다고 해도 그것이 어떤 의미였을지 생각해 보면 마음이 아프기만 하다.

아이는 멋을 무척 냈다. 부모 뜻에 따라 살았지만 멋 내는 것만큼은 성역 같았다. 방학이 되면 하이힐을 신고 귀를 뚫고 화장도 했다. 파마와 염색도 했다. 또래 10대들이 어느 정도는 그런다지만 평소 순종적인 모습과 대비가 되어 멋을 내는 것이 도드라져 보였다.

남편은 아이를 있는 그대로 받아들이지 못했다.

처음에는 사사건건 부딪쳤다. 그러나 딸아이는 굽히지 않았다. 둘은 마치 마주 보고 달리는 기차처럼 격렬하게 다퉜다. 한참 격앙되어서 싸울 때면 아이는 화를 주체하지 못한 채 소리를 질렀다.

"아빠, 나빠!"

그러나 남편은 자신이 딸에게 심하게 대한다는 생각은 하지 못했다.

남편은 오히려 화살을 내게 돌렸다. 엄마인 내가 집에서 제대로 아이들을 교육시키지 못해서 아이가 삐뚤어진다고 했다. 남편은 딸이 아니라 나를 비난하고 구박하기 시작했다.

남편은 완벽주의자다. 아이들이 감기에 걸리면 약을 먹고 치료하면 끝날 일이다. 그러나 남편은 아이들이 감기에 걸린 원인부터 알아야 직성이 풀리는 사람이다. 남편에게도 그럴 만한 사정이 있을 것이고 남편 나름의 이유도 있을 것이다. 그러나 우리는 모두 피곤했다. 사는 것이 투쟁 같았다. 아이들과 나는 완벽주의 때문에 힘들고 지쳐 갔다.

그 사건이 있기 얼마 전이었다.

아이가 학교도 그만두려고 했다. 그러나 부모 입장에서는 자식이 학교를 다니지 않는 것을 상상할 수 없었다. 아이에게 어떻게든 학교는 다녀야 한다고 설득했다. 아이는 마지못해 학교를 계속 나갔다. 따돌림 문제도 있고 해서 상담실에도 나갔다. 상담실과 학교를 같이 다닌 지 한 달 만에 아이는 저세상으로 갔다.

아이는 자기를 이해해 주지 못하는 부모에게 지쳐 갔을 것 같다. 세상이 뭐라 하든 내 아이를 보듬어 주어야 하는 것은 부모 몫이 아닌가? 나도 남편도 이 점을 생각하면 가슴에 피멍이 든다.

초기에는 남편에 대한 원망도 컸다. 그러나 지금은 꼭 그렇게만 생각하지는 않는다. 누구의 문제라고 할 수는 없기 때문이다. 남편은 남편의 삶이 있었을 것이고 나에게는 나의 삶이 있지는 않았을까? 3년이 지난 지금은 원인을 따지기 전에 내가 어떻게 살아왔는지, 딸이 가면서 내게 준 선물은 무엇인지, 앞으로 어떻게 살아야 하는지를 생각하는 시간이 많아졌다.

친정엄마와 나

　　　　　　　　　　　친정아버지는 어느 날 새벽 뇌졸중으로 쓰려져 반신불수가 되었다. 엄마는 병석에 계신 아버지를 지극정성으로 보살폈다. 침쟁이를 수시로 집으로 불러왔다. 아버지에게 오리피를 먹이기도 했고, 오리알을 오줌에 담가서 드리기도 했다. 몸에 좋다는 것은 다하신 것 같다. 개고기도 며칠에 한 번씩 아버지에게 드렸다.

그런 지극정성이 빚은 기적이었던지 아버지는 1년 만에 병석에서 일어나셨다. 그러나 다시 재발이 되어서 3년 동안 병석에 누워 계셨다. 그러다가 다시 일어나셨고, 다시 재발되었다. 이런 일이 반복되었다.

그럼에도 불구하고 지극정성은 변함이 없었다. 엄마는 굴하지 않고 아버지를 보살피며 순종했다. 당시 엄마는 집안 경제까지 맡아야 했기 때문에 따로 가게를 열어 장사를 했다. 집 안에서 누워 계신 아버지를 보살피는 것도 어려운 일인데 지금 생각해도 엄마는 대단한 분이셨다.

엄마의 순종은 아버지에게만 향한 것은 아니었다. 자식들에게도 지극정성이었다. 그러나 딸인 내게는 아니었다. 통닭을 사와도 오빠와 남동생에게 닭다리를 뜯어 주었다. 은연중에 난 밀려났다. 오빠가 결혼할 때는 아들이라고 집도 사주었다. 심지어 이모는 오빠 사업 자금까지 대주었다. 엄마는 그런 걸 모두 당연하게 생각하면서 더 도와주지 못하는 것을 안타까워했다.

늘 남자 위주였던 엄마의 태도로 딸이었던 나는 희생을 강요당했다.

아버지, 오빠, 남동생을 위한 삶을 살아야 했다. 학교를 마치고 직장생활을 할 때에도 나를 위한 삶은 별로 없었다. 동생이 장기간 병원에 입원한 적이 있었다. 나는 결혼하기 전까지 병원비를 대야 했다. 월급이 거의 전부 그리로 들어갔다. 나는 버스비만 가지고 생활했다. 5년을 그렇게 살았다. 그러나 내게 돌아오는 것은 없었다. 아무런 보상이 없었다. 엄마는 그런 것을 전혀 모르는 것 같았고 오히려 오빠와 동생에게 더 주지 못하는 것을 안타까워했다. 어떻게 그럴 수 있었을까?

엄마는 내가 결혼할 때 내내 울었다. 외로워서 그랬을 것이라 이해가 되면서도 섭섭했다.

엄마야 그 세대에 맞게 살았을 것이다. 문제는 나였다. 엄마가 살아온 순종의 세월에 나는 조연이었던 것 같다. 나는 엄마가 헌신해야 할 대상이기보다는 그런 엄마를 도와야 했기 때문이다.

내 딸에게는 어땠을까? 혹시 나도 딸에게 그러지 않았을까? 내가 살아온 순종의 세월에 딸을 편입시켜 놓았던 것은 아니었을까?

남편과 나

남편과 불같이 사랑했던 것 같지는 않다. 결혼 한 달 전에는 내가 이 사람을 사랑하나 싶은 생각도 들었다. 사실 사랑이 뭔지 잘 몰랐다. 그래도 결혼을 했다. 친정에서 벗어나고 싶은 마음도 있었다.

결혼할 때 시댁에서는 들어와 살라며 방을 얻어 주지 않았다. 그러자 남편은 어머니와 살고 싶지 않다며 빚을 내 전세를 얻었다. 우린 7년간 맞벌이를 했다. 7년 동안 나는 퇴근하고서는 헐레벌떡 집으로 달려가 밥하고 빨래하면서 남편 귀가에 맞춰 집안일을 했다. 내 시간대가 아니라 남편 시간대에 맞춰 생활했다.

아이는 결혼 후 6년 만에 낳았다. 친정 엄마가 7개월간 딸을 키워 주셨는데 너무 힘들어하셔서 결국 직장을 그만두게 되었다. 직장을 그만두고 살림을 하면 좋을 세월이 올 줄 알았는데, 남편 잔소리에 생활비를 타서 쓰면서 많은 상처를 받았다.

남편은 모든 것을 자기가 관리해야 직성이 풀렸고 신용카드를 쓰는 것도 통제했다. 남편은 내가 화장하고 파마하는 것조차 싫어했다. 대단한 멋을 내는 것도 아니고 사치를 부리는 것도 아니었지만 남편 눈치를 보아야 했다. 외모를 제대로 가꿀 수도 없었다.

남편은 집에 돌아오면 잔소리를 했다. 지적하는 게 엄청 많았다. 한 번은 같이 엘리베이터를 탔는데 다른 사람이 있었다. 내가 아는 척을 했더니 집에 들어와서는 "엘리베이터 안에서 다른 사람들 아는 척 말라"는 말까지 했다. 남편은 일상의 모든 것에 대해 하나하나 사사건건 트집을 잡았다. 매사 이런저런 것을 지적하면서 화를 냈기 때문에 긴

장되지 않을 수 없었다.

짜증은 늘어갔다. 아이가 아프기만 해도, 늦기만 해도 나에게 화를 냈다. 나는 남편이 오기 전에 애들 단속을 하려고 했다. 남편이 아이들에게 심하게 할까 봐 걱정되었기 때문이다. 나는 아이들과 남편 사이에서 완충제 역할을 하려고 했다. 그때는 남편 입장에 서려고 했다. 남편이 내게 짜증을 내면 나는 마치 상사의 지시처럼 받아들였다. 아이들에게 얘기해서 생활이 변화되기를 바랐다.

남편도 과거에 어렵게 살았다. 남편은 가난한 집의 장남으로 열심히 공부해서 명문대를 들어갔다. 지금은 우리 시대의 주축인 50대 사회 지도층이 되었다. 그러나 남편에게는 그림자가 있었다.

내가 보기에 남편은 엄마와 따뜻하게 대화하는 법을 배우지 못했다. 그러다 보니 감정 표현이 부정적이었다. 감정의 외톨이, 대화의 외톨이였다. 남편은 평생 위로받은 적이 없었을 것이다. 남편 자신도 자라면서 부모의 사랑은 없었다는 말을 한 적이 있다.

시댁에 가면 남편은 방에 홀로 있었다. 처음에는 왜 그런지 이해가 되지 않았다. 그러나 시집살이를 하면서 어렴풋하게 짚이는 게 있었다. 시어머니는 어렵게 살아오신 분이다. 자연히 스트레스가 많았을 텐데 시어머니는 그것을 큰아들에게 풀었던 것 같다. 그래서 남편은 어린 시절부터 자기를 보호해야 했던 것 같고 자기 보호를 위해 내면에 철갑을 둘렀던 것 같다. 스트레스를 자식에게 푸는 엄마로부터 스스로 자기를 보호하기 위해 노력했던 남편. 그러나 내면에는 풀지 못한 분노가 점점 더 쌓이지 않았을까?

나는 그런 남편을 이해하려고 했고 한편으로는 고쳐 보려고도 했다. 그래서 남편에게 사랑을 많이 주려고 했다. 사랑이 넘쳐야 나에게 오려니 하고 참고 참았다.

그러나 상황은 내가 원하는 대로 흘러가지 않았다. 남편은 내가 원해도 자기가 싫으면 한 번도 들어주지 않았다. 남편은 완벽하게 지배자가 되려고 했다. 그이는 늘 자신이 옳았다. 전혀 자기를 굽히려 들지 않았고 다른 사람 말은 듣지 않았다. 남편은 살면서 형성한 자기 기득권을 지키려고 끝까지 굽히지 않았다.

남편은 자기 부모의 부정적 모습을 점점 더 닮아 가는 것 같았다. 그런 남편을 보면 불쌍해 보였고 연민의 정도 솟았다. 남편도 자라면서 지금까지 자기가 하고 싶은 것을 하지 못했던 사람이다. 자기 생각과 자기주장을 하지 못하며 살아온 것이다. 살면서 그런 것이 참 중요한데 남편도 나도, 먼저 간 아이도 그럴 줄 몰랐다. 아이가 떠나기 전까지는 참으면 되는 줄 알았다. 나는 회피하고 회피하기만 했다.

모임에 나가 보면 나만 왜 이렇게 살았나 싶어 회의가 밀려왔다. 남들이 보기에는 내가 사는 모습이 행복해 보였을 것이다. 남편 직장이

탄탄하기도 했고 밖에서는 다투지 않으니 금실이 좋아 보였을 것이다. 그러나 그것은 겉모습이었을 뿐이다. 사실은 정반대였다. 남편과 행복한 적이 없었다. 남편은 우리가 행복했던 순간을 몇 개 나열하기도 하지만, 그런 남편이 이해되지 않는 것은 아니지만, 나는 남편이 원하는 대로 살았을 뿐 행복하지는 않았다.

시댁과 나

결혼 후 며느리로 사는 게 참 벅찼다.

며느리가 노예도 아닌데 시어머니는 말끝마다 지적이었고 나는 그런 지적에 짓눌려 살았다.

"난 진밥 싫어한다. 진밥 하면 혼날 줄 알아."

이런 식이었다. 나는 정말 진밥을 하면 혼날 줄 알고 밥물은 어머니에게 맡겼다.

시어머니에게 모욕감을 느꼈던 적이 한두 번이 아니었다. 한번은 얻어 온 청바지를 주며 내게 이런 말을 했다.

"우리 아들 피 빨아먹고 등골 빼먹지 말고 이 청바지 입어라."

청바지가 내 몸에 맞지 않아 입지 못하겠다고 했다. 그러자 시어머니는 손봐서 입으라고 윽박질렀다.

시어머니는 식성이 까다로운 분이었다. 한번은 친정엄마가 담근 김치를 달라고 하셔서 가져갔다. 그러나 그것을 맛있게 드시지 못했다. 짜다, 맵다 하면서 흉을 보고 가정교육 운운했다. 남편의 엄마이기에 내게는 각별한 분이건만 남보다 못하다는 생각이 들어 서글펐다.

시댁에서는 언제나 '뭐든지 약자 같은 느낌'이 들었다. 시댁은 아들만 다섯이었다. 시어머니는 "난 아들만 다섯 낳았다"고 당당하게 이야기하곤 하셨다. 시어머니는 고된 시집살이를 했던 분이다. 홀어머니에 외아들, 시누이가 무서웠다고 한다. 가난한 시댁에서 시어머니는 효자 아들인 남편과 살아야 했다. 그런 세월을 겪어 오셔서 그런지 거칠어지고 삭막해지셔서 내게는 사랑을 주지 못하고 보살핌받고 싶은 맘만 있지는 않았을까? 며느리와 다정하게 지내며 행복한 시간을 보낼 수도 있었을 텐데 시어머니는 그러지 못했다.

남편이 장남이었으니 나는 맏며느리였다. 남편은 장남의 역할을 하지 않으려 들었고 나는 그런 남편의 몫까지 떠안은 채 곰처럼 살았다. 여우처럼 살았더라면 얼마나 좋았을까? 나는 어떻게든 맏며느리로서 책임을 다하려고 했다. 집안의 대소사를 다 챙겼다. 시댁에서 원하기 때문이기도 했었지만 내 나름대로 지극정성을 다하고 싶었다. 그러나 그럴수록 시댁의 짐은 점점 무거워졌다. 내 스스로 무거운 짐을 내려놓을 줄 모르고 지냈기 때문일까? 아니면 며느리로 시댁의 인정을 받고 싶어서 그랬을까?

　나는 엄마의 희생을 보며 자랐다. 결혼 후에는 가족에게 헌신하며 순종했으며 시댁에서는 명령 집행자처럼 살았다. 그 시절은 나를 너무 챙기지 않았던 시절이었다. 하고 싶은 것을 뒤로 미뤘고, 애들에게 양보했고, 남편이 싫어하는 것은 할 수 없었다. 내가 원하던 것들을 죽이지 않고서는 그렇게 살 수 없었다.

　돌이켜 보면, 어린 시절부터 혼인 후 엄마로, 아내로, 그리고 며느리로 순종의 세월로 살아왔다. 내게 부당하게 주어지는 것들조차 받아들이며 나는 명령 복종자로 살았던 것이다.

　딸을 보내고 난 후 문득 돌이켜 보니 그렇게 살았던 내 자신이 보였다.

자폐아와 아이돌 그룹

　　　　　　　　　　아이를 보내고 내 스스로 나를 '음침한 구덩이' 에 가두었다. 그곳은 너무도 깊고 어두웠다. 고통스러운 시간이었다. 다시는 영원히 빠져나올 수 없을 것만 같았다. 어떻게 살았는지 모르겠지만 이제 3년의 시간이 지났다. 한편으로 이 시간은 구덩이에서 서서히 빠져나온 시간이었다. 칠흑의 어둠 속에도 작은 촛불이 켜졌고 나는 내 발바닥에 의지한 채 그곳을 서서히 나올 수 있었다.

어떻게 눈길을 돌릴 정도로나마 정신을 차릴 수 있었을까?

관계를 깨지 않았던 것이 기본적으로 도움이 되었다. 집에 혼자 있지 않고 모임에 계속 나갔다. 성당 사람들도 계속 만났고, 딸 친구 부모 모임이나 아들 친구 부모 모임에도 꾸준히 나갔다. 이들과의 관계가 정신적으로 도움이 많이 되었다.

아들도 곁에 있었다. 아이는 엄마를 많이 염려해 주었다. 그러나 말은 별로 없었다. 아기 때는 할아버지 무릎에 앉을 정도로 붙임성이 좋은 아이였고, 누나가 학교 얘기를 하면 저도 학교 친구 이야기를 하면서 분위기를 맞춰 어울리곤 했는데, 그 사건 이후 말수가 적어졌다. 누나에 대한 건 물어봐도 못 들은 척했다. 그래도 엄마를 걱정하는 마음을 표현할 줄은 알았다. 저녁 늦게 들어와서는 눈을 맞춰 주었다. 아들과 눈을 맞추면 마음이 평안해졌다.

걱정해 주고 위로해 주며 용기를 주는 사람들이 주변에 있었기에 힘을 낼 수 있었다. 이런 잔 손길이 위로와 용기를 주었기에 늘 감사하게 생각하고 있다. 다만, 여기에서는 나를 세상으로 이끌어 준 한 아이와 한 아이돌 그룹에 대해서만 말해 보려 한다.

자폐아

아들이 중 1 때 자폐 성향이 있는 아이와 짝꿍이 되었다. 딸이 그렇게 가기 전에는 잘 몰랐는데 어느 날 그 아이가 눈에 들어왔다. 아들과 같이 놀기도 했고 그 아이 엄마와도 서로 아는 처지인데도 그랬다. 아픔이 아픔을 알아보는 것일까? 딸을 보내기 전에는 잘 몰랐는데 딸을 보낸 후에 아이 엄마의 슬픔이 보였다. 아이 엄마는 이런저런 일로 곤란을 겪고 있으면서 우울증으로 고생하고 있었다. 자폐 성향이 있는 아이를 잘 돌봐 줄 수 없는 상황이었다. 내가 대신 돌봐 주겠다고 약속했다.

직장맘인 그 애 엄마를 대신해서 나는 아이와 2주에 한 번씩 이동 수업을 같이 다녔다. 매일 전화를 해서 알림장 내용도 알려 주었다. 그 아이를 차에 태워 학교까지 데려다 주었다. 우리 집 아이는 자기 친구인데도 나중에는 거북스러워하는 기색이 보였다. 그래도 나는 그 아이를 돌봐 주었다.

아이 엄마는 내게 점점 의지했다. 나는 귀찮아하지 않고 도와주었다. 오히려 진심으로 돕고 싶었다. 중 2가 되어 두 아이는 서로 다른 반이 되어 헤어졌다. 자폐 성향이 있는 아이는 반이 바뀌었는데도 친구라고 계속 찾아왔던 모양이다. 반면 아들아이는 그렇게 찾아오는 친구를 점점 귀찮아했다. 나는 귀찮지는 않았지만 반도 달라지고 해서 도움을 주기가 힘들었다. 그래도 가끔 전화 통화를 하면서 아이 엄마를 위로하곤 했다. 중 3이 되어서는 그만 그 아이가 큰 사고를 치게 되었고, 결국 특수학교로 전학을 가게 되었다. 더 이상 아이를 만나기 어려웠다. 아이 엄마는 더 힘들어하면서 피눈물을 흘렸다. 지금도 사춘기를 겪는 아이 때문에 큰 고통을 받고 있다고 들었다.

이제는 그 아이와 엄마의 고통이 느껴진다. 그 고통이 생각이 아닌 마음으로…… 그 아이는 지금 무엇을 하고 있을까? 때로는 궁금해지기도 한다.

그 아이는 내게 어떤 어려움이 있는지 몰랐고 그래서 위로를 주려고 한 적도 없었다. 나 역시 위로를 받으려고 그 아이를 돌봐 준 것은 아니었다. 그러나 지금에 와서 생각해 보면 그때 내가 내민 도움의 손길은 아이에게 준 것이 아니라 내 자신에게 준 것이었음을 안다.

그 아이가 '구덩이'에서 나를 끌어올린 결정적인 힘은 아닐지라도 나는 아이를 돌보면서 작은 발걸음을 하나 내디딜 수 있었던 것 같다. 내가 세상으로 걸어 나가는 작은 발걸음이 되어 주었다.

레드 애플

　　　　　　　　　　　　　　　어느 날이었다. 어떤 음악을
들었는데, 목소리 때문이었는지 사람 때문이었는지는 모르겠으나, 음
악에 빨려 들어갔다. 그렇게 몇 달이 훌쩍 지나갔다. 음악을 들을수록
깊이 위로가 되었다. 보컬은 둘이었지만 그중 한 가수 음성이 영혼으
로 들어왔다. 그런 순간마다 깊숙한 위로감을 느낄 수 있었다. 감동이
밀려왔다. 딸을 보낸 후에 내가 보낸 시간이 고통의 시간이었음을 비
로소 알 수 있었다. 살면서 나로 살지 않았던 꽤 오랜 시간 역시 황폐
한 시간이었음을 알 수 있었다.

　그 느낌을 뭐라 말할 수 있을까?

　'갇혀 있다가 문을 열고 나온 느낌'이었다. 소녀 시절에는 음악을
참 좋아했었다. 늘 워크맨을 끼고 살 정도였다. 그러나 음악을 통한 위
로는 음악을 좋아했기 때문은 아니었다. 들을수록 위로를 주는 그 알
수 없는 음성이 좋았다.

　아이돌 그룹은 레드 애플Led Apple이다. 생각하는 것도 문화도 달랐
다. 호주 출신 가수라 그랬을까? 고루하고 딱딱한 사고방식이 없었고
자유로운 사상과 겁 없는 도전 정신이 있었다. 감성적이고 부드러웠
다. 타인을 느긋하게 기다려 주고, 있는 그대로 웃을 수 있는 여유가
있었다. 남편이나 시댁에서 듣던 함부로 뱉어지는 비판의 목소리가 아

니었다. 확연히 구별이 되었다.

남편이 출근하면 노래를 듣기 시작해서 어떨 때는 남편이 퇴근할 때까지 듣기도 했다. 그렇게까지는 아니라고 해도 집에 혼자 있을 때마다 몇 시간 동안 쉬지 않고 음악을 들었다. 에세이 모임을 하면서 중간에 한 번 빠진 적이 있었다. 당시는 미안해서 말을 하지는 못했지만 사실 그때 나는 홍대 쪽에서 있었던 게릴라 길거리 공연을 보러 갔었다. 아줌마가 이래도 되나? 어릴 적 소녀의 감성이 되살아났다. 그렇게 나는 마치 10대 소녀들이 아이돌에 푹 빠지듯이 빠져 있었다.

나도 누군가를 사랑하고 집중하고 빠져들 수 있다는 느낌이 들었다. 기쁘고 들떴다. 처음에는 이렇게 오래갈 줄 몰랐다. 하루 이틀 하다가 그칠 줄 알았는데, 글쎄, 6개월 동안 열정이 유지되었다. 아이를 보낸 후 죄책감에 시달렸고 시댁 짐도 컸는데, 노래만 들어도 위로가 되었다.

갑자기 천 길 낭떠러지로 떨어졌던 내 인생이 어느 순간 구덩이를 나온 느낌이었다. 즐겁고, 여유 있게 사랑을 나눠 주며 살고 싶다는 희망이 생겼다. 이런 내 모습이 나이 들어 여유롭게 살고 싶은 모습처럼 보였다.

우연하고 사소한 사건일 수 있다. 레드 애플이 세상의 모든 고통받는 사람들에게 그런 위로를 주지는 않겠지. 그러나 나에게는 우연일 수는 있어도 사소하지는 않았다. 이유는 나중에 알게 되었다.

얼마 전에 다이돌핀이라는 호르몬에 대해 들었다. 지금 생각해 보니 아마도 음악을 들을 때마다 다이돌핀이 나왔을 것 같다. 기분이 좋으면 엔돌핀이 나온다고 하는데 다이돌핀은 효과가 엔돌핀의 4,000배라고 한다. 다이돌핀은 감동받을 때 우리 몸에서 생긴다. 좋은 노래를 들었거나 아름다운 풍경에 압도되었을 때, 전혀 알지 못했던 새로운 진리를 깨달았을 때, 엄청난 사랑에 빠졌을 때, 이때 우리 몸에서는 놀라운 변화가 일어난다. 특히 굉장한 감동이 왔을 때 '다이돌핀'이 나오는데 다이돌핀은 다른 긍정적 호르몬과 함께 몸의 면역체계에 강력한 긍정적 작용을 일으켜 우리 몸을 보호한다. 레드 애플의 음악도 목소리도, 활동하는 모습도 내게는 다이돌핀이었다.

언제부턴가 '제2의 나'를 키워야겠다는 바람이 생겼다. 진작 원하는 삶을 살았더라면 더 좋았을 것이다. 그러나 늦었다고 생각할 때가 가장 빠른 때라고 하지 않은가? 지금도 구덩이에서 빠져나온 것이 기적 같다. 이제부터는 느긋하게, 게으르게, 감성으로 살아 보려고 한다. 그것이 어떤 결과이든 내가 원하는 삶을 이제는 살아가야지 그렇지 않으면 도저히 살 수가 없을 것 같다.

딸의 선물

아직 늦지 않았어, 엄마도 엄마 삶을 살아

　　　　　　　　　　딸을 보내고 난 후 처음에는
희망이 없었다. 그런데 3년쯤 되니까 내 인생을 내가 살아야 한다는
생각이 들었다. '내가 원하는 대로 살 것'이라는 내면의 외침도 올라
왔다.

　자살유가족의 이야기를 담은 《너무 이른 이별》이라는 책에 다음과
같은 구절이 나온다.

　"가장 어려웠던 것은 제가 제 삶을 살아야 한다는 것이었습니다."

　이 구절이 내게 의미하는 것은 무엇일까?

　딸을 보낸 후 죄책감에 시달렸다. 헤어나올 수 없을 것만 같았다. 서
러움에 북받쳐 울기만 했다. 밥을 먹다가도 울음이 나오고 설거지를
하다가도 울었다. 어느 날 울다 지쳐 딸을 생각해 보았다. 딸은 이럴
때 내게 뭐라고 할까? 아마도 딸은 엄마가 죄책감으로 비틀거리며 사
는 것을 원치는 않을 것 같다.

"아직 늦지 않았어. 엄마도 엄마 삶을 살아."

딸은 엄마가 엄마 삶을 살기를 바란다는 생각이 들었다. 순종의 세월을 살면서 나는 내 삶을 살지 못했다. 그것이 딸에게도 부정적 영향을 끼쳤을 것이라는 죄책감이 있었는데, 딸은 오히려 내게 그러지 말고 지금이라도 늦지 않았다는 점을, 그리고 비록 자기는 먼저 가지만 엄마는 새로운 삶을 살라고 말해 주는 것 같았다. 나는 딸이 가면서 내게 이런 선물을 주었다고 믿는다.

그러나 나는 그 선물 상자를 감히 열어볼 수 없었다. 구덩이 안에서는 그것이 어려웠다. 다행히 여러 도움의 손길이 있어 그곳에서 나오면서 딸이 준 선물을 열어 볼 절박함도 생겼다. 그럴 만한 이유가 있어 딸이 선물을 보내 주었을 거라고 마음을 단단히 먹고는 선물꾸러미를 풀기 시작했다.

마음은 그렇게 먹었지만 쉬운 것도 아니었고 저절로 그렇게 되는 것도 아니었다. 의식적인 노력이 있어야 했고 반복된 연습이 있어야 했다. 나는 1년 동안 의식적으로 훈련했다.

몇 개의 사건이 있었다.

"아이 간 지도 2년 지났으니 이제는 나서서 맏며느리 역할을 하며 집안을 건사해라."

어느 날 시댁에서 이런 전화가 걸려 왔다. 그러나 나는 조금도 망설이지 않았다. 일언지하에 거절했다. 다시는 며느리 역할을 하지 않겠다고 통보했다.

그전에도 전화가 오곤 했었다. 그런데 마음과는 달리 막상 입에서 그런 말이 나오지 않았다. 며느리 역할을 하면서 순종의 세월을 살지 않겠다고 다짐은 숱하게 했지만 말을 하는 건 쉽지 않았다.

시아버지가 이런 얘기를 하셨다.

"나 죽기 전에 좋은 모습 보여라."

"아니요. 아버님. 저는 아무도 보고 싶지 않아요. 더 이상 며느리 역할을 하지 않을 겁니다."

쉽지 않은 일이었는데 가능했던 것은 치밀하고 반복적인 연습이 있었기 때문이었다. 나는 예상되는 문답을 만들었다. 그리고는 설거지하면서도 문답을 반복하면서 외웠다. 이런 반복 효과 때문인지, 전화가 왔을 때 나는 연습했던 것을 하나도 빠뜨리지 않고 얘기할 수 있었다. 이제는 시댁에 가지 않아도 시댁 식구 누구도 나에게 며느리 역할을 얘기하지 않는다.

처음에 아이를 보내고 시댁에 갔을 때는 달라진 것이 없었다. 딸을 잃은 어미를 위로하기보다는 내 탓을 했다. 내가 잘못했기 때문에 이 모든 것이 발생했다는 것이다. 시댁 식구들은 여전히 나를 원숭이 보듯 했다. 분노가 치밀었고 화를 삭일 수 없었다. 어떨 때는 너무 미워서 머리가 아플 정도였다.

시댁의 맏며느리 요구, 남편의 변함없는 요구, 친정의 모든 짐을 내가 짊어져야 하는 상황 앞에서 정말이지 결단을 내려야 했다. 이제는 해방되고 싶었다.

어느 날이었다. 감기로 40일 동안 꼼짝없이 누웠던 적이 있었다. 누워 있으면서 별별 생각이 다 들었다.

'인생을 헛살았구나.'

'이대로 죽을 수도 있겠구나.'

'지금이라도 더 늦기 전에 내가 원하는 대로 살아야 한다.'

이때, 갑자기 생각을 바꿔 먹게 되었다.

한때는 고통스러웠지만 모든 것을 짊어지고 살았다. 그러나 세상에서 경험할 수 있는 최악의 고통을 겪었고, 시댁짐이 감당할 수 없는 짐이었다는 것을 깨닫고서, 나는 변하지 않을 수 없었다.

나는 생각부터 바꿔 먹기 시작했다.

생각의 차이는 결국 한끝이고 종이 한 장 차이였다. 왜 그렇게 시부모에게 전전긍긍해야 했는지, 맏며느리 의무감으로 살아야 했던지 모르겠다. 생각이 바뀌니까 얽매이지 않게 되더라.

그동안 당연하게 받아들였던 모든 짐을 내려놓기로 했다. 만나고 싶지 않은 사람은 더 이상 만나지 않았다. 나에게 요구되는 의무의 짐을 하나씩 내려놓았다. 남편에게도 내 삶을 살겠다고 통보했다.

이제는 시댁에 가지 않는다. 시댁에 가지 않아도 아무도 내게 말하지 못한다. 남편에게도 시댁 식구들을 안 보겠다고 했다. 시댁 식구들은 여전히 남편에게 내가 맏며느리 역할을 해야 한다고 얘기하는 것 같다. 그러나 상황이 완전히 바뀌었건만 남편은 아직 시댁 식구들에게 말하지 못하는 것 같다. 상관없다. 더 이상은 과거의 삶으로 돌아가지 않을 것이다.

남편은 결혼 직후부터 조금만 기다려 주고 참아 주면 달라질 것이라고 했다. 처음에는 남편 말을 믿었다. 그러나 함께 산 지 20년이나 지났지만 여전하다. 전혀 달라지지 않았다. 누굴 탓할 것인가? 남편이 나를 대하는 부정적 모습도 결국 내가 참고 살았기 때문에 생겼을 것이다.

아이가 간 다음에는 더 이상 기다릴 수 없었다. 내 속에 있는 모든 화를 내 스스로 풀어야 했다. 나도 남편으로부터 나를 보호해야 했다. 나는 남편의 잔소리나 화에 응대하지 않았다. 더 이상 한마디도 들을 수 없을 때는 자리를 피했다.

"당신이 나에게 쏜 화살을 당신에게 모두 돌려줄 테니 나하고 살려면 다 받아가. 싫으면 떠나!"

이제는 상처 되었던 말을 열 마디로 돌려준다. 그럴 때마다 남편은 놀란 표정을 지었다. 그런 놀란 표정은 무엇을 의미할까? 내가 그동안 어떻게 상처를 받아 왔는지를 이해하는 것이었을까? 헤아릴 수도 없이 많이 싸웠다. 하도 부딪치고 싸우다 보니 남편도 이제는 아무 말없이 듣는다.

시작이 반이라는 말을 믿는다

　　　　　　　　　　　　몇 가지 변화도 생겼다. 최근 내 돈으로 눈 성형수술을 했다. 너무 울어서 눈이 처지게 되었고 눈도 나빠졌기 때문에 눈을 그대로 둘 수 없었다. 그전에는 엄두를 내지 못했을 텐데, 당당하게 했다. 이제는 나를 조금씩 사랑하고 있다. 그동안 하지 못한 채 참았던 것, 남들 하는 거 나도 다한다.

　요즘은 내 시간대에 맞춰 생활한다. 남편은 일찍 업무를 시작하고 일찍 업무를 종료하는 직장 상황상 오후 4~5시면 집에 들어왔다. 그러나 남편에게 6시 이전에는 집에 들어오지 말라고 했다. 전에는 밥도 남편 식성대로 했다. 남편 식성은 까다로워서 일일이 맞추기 힘들었다. 남편은 식성에 맞지 않다고 일일이 지적할 때가 많았다. 그러나 이제는 그런 말에 주눅 들지 않고 당당하게 말한다.

　정신적, 경제적 자립 선언을 한 후에야 달라지기 시작했다. 나는 독립된 생활을 하기 시작했고 그전에 짊어졌던 모든 짐들이 하나씩 내 등골에서 빠져나갔다. 더 이상 왕래를 하지 않으니 마음이 참 편하다.

미워하지 않게 되니 마음이 편해 살도 찐다. 전에는 생활비로 카드를 쓰는 것도 눈치가 보였으나 이제는 당당하게 카드를 긁고 있다.

남편이 화를 내면 나도 화를 내면서 대응한다. 그렇다고 무작정 화를 내는 것은 아니다. 남편에게 적극적으로 내 의사를 말하면서 내 삶을 만들어 가고 있기 때문이다. 그래서 때로는 내 식성대로 식사를 차리기도 한다. 이제는 변화를 위한 마음을 먹는 것이 겁나지 않다. 대학을 간 아들도 내게 떠날 준비를 시켜 주는 것 같다.

에세이 모임에서 내 얘기를 다 듣고 한 분이 이런 말씀을 해주셨다.

"두 분이 피터지게 싸우고는 있지만 바탕에는 사랑이 있는 것 같아요."

남편을 무시하거나 냉대하기보다는 적극적으로 대응하면서 분노를 표현하는 것이 남편에 대한 애정을 깔고 있다는 뜻인 것 같다고 말해주셨다. 그리고는 경험할 수 있는 최악의 상황에 처해 있는데, 우리 두 사람이 함께 의지하며 살아갈 방법을 찾아보아야 한다는 진심 어린 조언도 해주었다. 나를 지지해 주는 것 같아 이런 말씀이 고마웠다.

그러나 솔직히는 잘 모르겠다. 과연 그런지, 그렇지 않은지. 그렇다면 왜 그런 것인지, 안 그렇다면 언제까지 이래야 하는지.

남편에 대한 생각이 바뀐 것은 사실이다. 남편도 불쌍한 사람이다. 어린 시절부터 부모 도움 없이, 사랑 없이 견디어 왔으니. 남편은 여리고 착한 사람이었다. 그러나 스트레스나 화를 나에게 풀었다는 점이 문제였다. 물론 지금도 남편의 어떤 행동이나 태도, 말 같은 것이 내게 피해를 줄 때가 있다. 그럴 때는 참을 수 없어 남편과 한바탕하지만, 시댁이나 친정보다는 '남편에 대한 분노가 가장 컸다'는 것을 알게 되면서 마음의 여유가 생겼다. 남편에 대한 분노에는 연민이 섞여 있다는 것도 알게 되었다. 분노 뒤에는 억울함과 억눌림도 섞여 있음을 이제는 알 것 같다. 그래서일까? 화를 내면서도 내 마음대로 행동할 수 있게 되었다.

친정 엄마의 지극정성은 아버지와 오빠에게 향했고, 친정 엄마의 희생정신은 내게로 온 것 같다. 하지만 나는 더 이상 희생하지 않을 것이다. 내가 행복해야 가족이 행복하기 때문에 나는 내 삶을 살 것이다.

이제는 내가 다 챙겨야 한다. 내가 가지고 있는 것이 내 것이다. 남편에게도 의지하지 않는다. 지금은 많이 가벼워졌다. 내가 행복하게 살아야지 마음먹고 행동하니까 사람들에 대한 미움도 사소해졌다. 행복하게 사는 것이 그 시절을 최대로 보상받는 것임을 안다.

그동안 생각만 하던 것을 말하면서 정리해 보니 확인되는 것도 있고 정리가 되는 것도 있다. 앞으로 어떻게 살아야지 하는 것까지 계획이 잡힌다. 미래에 대한 계획을 세울 수 있어서 좋다.

처음에는 밝히고 싶지 않은 것이 많았다. 그러나 이 작업을 하면서 마음의 소리를 들었고, 나를 돌아보는 계기로 삼을 수 있었다. 인생의 커다란 결정을 하게 된 것은 아니더라도 나를 돌아보는 계기는 된 것 같다.

아이가 간 후 후회가 되었다. 엄마의 원치 않았던 삶이 아이에게 전이 된 것은 아닌가 싶어서. 고통이 커서 고통 때문에 압도당해 더 이상 살 수 없을 줄 알았다. 그러나 차근히 살아왔던 것 같다. 누군가를 보고 기 뻐하는 것도 딸의 선물이지 않을까? 더 이상 일상의 무시당하는 감정에 무시당하지 않고 살 수 있을 것 같다. 원하던 삶을 살았더라면 하는 회 한도 들지만 이미 지난 일이다. 이제는 느긋하게, 게으르게, 감성으로 살아보려고 한다. 그것이 어떤 결과이든 원하는 대로 살아 보고 싶다.

'내 삶을 살자.'

이것이 딸의 선물일 것 같다. 남은 아들에게도 희생하는 엄마보다 엄마 삶을 사는 것이 안정감을 줄 것 같다.

그날 아이가 그렇게 있는 장면을 목격하고는 벌벌 떨며 살았다. 아이가 가면서 일깨워 준 것도 있었다. 죄책감도 시댁의 짐도, 내가 죽으면 다 소용없다는 것을. 산다는 것은 자기가 하고 싶은 것, 자기 생각, 자기주장이 중요한 것인데 딸아이도 그걸 못 하고 갔고, 나도 그렇게 살았다. 그동안 당연하게 받아들인 짐을 털어냈다. 더 이상 만나고 싶 지 않은 사람을 예의를 지켜 가며 만날 이유가 없어졌다. 감춰 놓았고 억압하기만 했던 내 감정을 발견하고 찾고 싶었다. 크면서 사랑을 받기보다는 가족을 위해 희생해야만 했고, 결혼 후에도 사랑을 받지 못했다. 그러나 내 곁에는 딸이 준 선물이 있다. 내 부정적인 모습을 세상에 부정적으로 돌려주지 않겠다는 결심을 해 본다.

주변의 억눌린 사람을 품고 싶다. 사랑을 베풀며 살고 싶다.

요즘도 1주일에 한두 번 정도 모임에 나간다. 모임을 할 때는 좋은데, 헤어지고 나면 속상한 적도 많다. 그래도 어떤 지점은 지난 것 같고, 상황이 반복되어도 이제는 어느 정도 통제할 수 있게 된 것 같다.

얼마 전이었다. '우리 아이가 없구나. 살아 내 곁에 없는 거구나.' 이 사실을 받아들일 수 있었다. 오빠가 사고로 먼저 죽었을 때도 그런 경험을 한 적이 있었다. 한동안은 명절이면 오빠가 문을 열고 들어올 것 같았다. 그러나 그러기를 몇 번 반복하면서 '아, 오빠는 이제 이 세상에 없구나' 라고 받아들일 수 있었다.

에세이 모임을 같이한 분들은 내가 모임을 처음 할 때는 다소는 무표정하고 화난 표정이었는데 나중에 많이 밝아졌다고 한다. 이제는 정말 이야기를 할 때 '환한 웃음' 을 지을 수 있다. 악의 없이 사람들을 대하는 것은 내 평소 모습이었는데, 어느 순간 이런 자연스러움이 사라졌었다. 요즘은 사람들에게도 악의 없이 대할 수 있게 되었다. 원래 나에게 있던 밝음이 드러난 것이겠지만, 그래도 그런 변화를 이끈 내면의 힘이 있었을 것 같다.

매력

우리는 에세이 모임에서 서로의 매력을 말해 주는 시간을 가졌다. 내가 들었던 나의 매력은 다음과 같았다.

꽝장히 솔직하다. 아직도 남아 있는 분노와 감정이 나타난다. 그래도 조금씩 편해지는 것 같다. 평탄한 인생을 살았을 것이라 생각했는데 한 여성으로 살아온 세월을 이야기하는 것을 들으며 내내 안타까웠다. 그래도 아이를 잃고 나서 자신을 찾아가려는 모습은 본받을 만하다. 그럴 것이라 믿는다. 앞으로 가능할 것이다.

순수하고 여성스럽다. 독한 마음이 없다. 주변 이야기를 신뢰하는 것 같다. 그런데 슬픔의 어두운 그림자가 아직도 얼굴에 남아 있다.

이겨내지 못할 현실의 아픔 때문일까? 힘들었던 가족의 역사로 체력이 소진된 걸까? 현재 그 아픔을 나누지 못해서일까? 이제는 조금은 독한 마음을 먹고 주변으로부터 자유스러워지길 바란다. 예상치 못한 일에 대해 마음을 잡지 못하는 슬픔. 이런 슬픔을 정리하기 위해서도 가족의 사랑이 충만해지길 바란다. 마음의 결심도 있고 목표도 있으니 머지않아 밝은 관계를 유지하리라 본다.

히스토릭한 이야기를 히스토릭하게 이야기할 줄 안다. 내면에 자아실현 요구가 있는데 거의 성취한 듯하다. 정체성, 주체성의 욕구가 확실하다. 마지막으로 사연을 간직한 것 같은 무언가 숨겨진 비밀스런 매력이 있다. 남들이 보기에 잘 놀 것 같고 남자 친구도 많을 것 같다. 그것은 그 아래에 자신감이 배어 있기 때문일 것이다.

그녀의 빨간 눈자위를 볼 때마다 안타까움에 몸서리치게 된다. 서러움을 하소연할 시간도 주어지지 않은 채 세월의 모진 바람과 맞선 그녀의 매력은 틈새시장과 같다. 틈틈이 느낄 수 있는 작은 기쁨을 그녀는 놓치지 않는다. 그 안에서 희망을 얘기한다. 그녀를 지켜낸 것은 유쾌한 유머다. 여성스러운 수줍은 미소는 유머를 나누고 싶은 열망을 내비치는 것 같다. 때로는 처절하게, 때때로 명쾌하게, 대수롭지 않게 그 까짓것 하면서 털어버리는 역할을 맡아서, 나도 그 일원으로 그녀와 함께 유쾌한 인생 코미디를 엮어 가고 싶다.

상담 때 처음 만났다. '마음의 이미지'가 소녀 같고 순한 사람이다. 늘 동그란 눈으로 이런저런 이야기를 두런두런 해주는 모습을 보면 참 맑다는 생각이 들곤 한다. 한마디로 소녀 같다.

제일 먼저 떠오르는 단어가 순수함이다. 미혼 시절에는 열심히 일하고 결혼해서는 출산과 양육, 그리고 주부 역할을 다하느라 웅크리고 있었던 순수함이 조금씩 기지개를 켜고 있는 것 같다. 큰 키와 큰 눈을 보고 있노라면 미스코리아 같은 생각도 든다. 꾸미지 않는 모습에서도 이 정도인데 조금만 더 꾸미면 어떤 모습일지 궁금하기도 하다. 이효리의 미스코리아가 생각난다. 가사 내용도 그렇고.

순수함이다. 부당한 대우와 장녀로 막중한 책임감을 짊어지고 살아오지 않았는가? 박차 버려야지 하는 생각을 일찍 하지 못한 것이 안타깝다. 그래도 더디게 더디게 묵묵히 지내 온 모습에서 희망을 본다. 아이돌을 열망하는 소녀처럼 아이돌 그룹 레드 애플에 대해 신나게 이야기를 하는 모습이 사랑스럽다. 이제는 원하는 대로 살 것이라는 외침에 내 가슴도 '뻥' 하니 뚫리는 듯한 반가움이 가슴으로 전해 온다.

신앙이 당신에게 구원인 것 같습니다. 그동안 잘 견디어 왔습니다. 당신의 가정에 하느님의 은총이 함께하길 기도 드립니다.

매력에 대한 나의 생각

"내 마음의 순수?" 소녀처럼
순하게 살려고 노력해 왔다. 어린 시절부터 욕심이 없는 편이었다. 지
금도 주변 사람들은 나를 편하게 생각한다. 내가 그러려고 노력하기도
했고 타고난 면도 있다. 나는 불편한 관계를 싫어한다. 나에게는 그것
이 큰 장점이라고 생각한다. 상대가 순수하면 관계가 잘 유지된다. 다
맞추어 주니까.

그러나 정반대로 시댁처럼 요구만 한다면 어쩔 도리가 없이 당한다.
살아오면서 똑똑하지 못하고 야무지지 못했고 바보 같았다. 남편도 내
가 실속이 없다는 이야기를 하곤 했었다. 살아온 내 삶이 그렇게 보인
것 같다.

맏며느리로 참고만 살았다. 남편과 관계도 마찬가지였다. 남편에게
순응하기만 했었다.

그러나 딸을 보낸 후에는 달라졌다. 요즘은 시댁과 관계에서 당당하
게 내 목소리를 내고 있다. 남편에게도 당당하다. 남편과 얘기를 하다
보면 감춰진 분노가 튀어나온다. 그럴 때는 피하지 않고 그 자리에서
한바탕한다. 나중에 남편에게 미안하기도 해서 잠을 이루기 힘들 때가
있지만 그래도 속은 시원하다.

내 인생에 반전이 찾아온 것이다.

그런데 이런 반전은 어떻게 가능했을까? 아마도 내게는 내가 알지 못했던 또 다른 힘이 있었나 보다. 동무들이 매력이라 말해 주는 것을 들으며 그런 것을 느꼈다.

그분들이 보기에 나에게는 무겁고 고통스러운 사건을 처리하는 능력이 있고, 자유자재로 사건을 설명하고 해석하는 능력이 있는 것 같다.

사는 게 너무도 버겁고 힘들어서 그냥 주저앉아 있을 줄만 알았다. 그러나 이번에 스스로 털어놓으면서 내 삶을 정리할 수 있었다. 내 삶을 달리 볼 수 있었고 그동안 놓쳐 왔던 것이 무엇이었고 진정 살고 싶은 것이 무엇인지 비로소 알 수 있었다.

이런 변화를 이끈 힘이 나의 매력이었을 것이다.

신앙이 버팀목이라는 것은 사실이다. 신앙을 가지게 된 계기가 있다. 살면서 할 얘기는 참 많은데 남편에게 이야기할 수도 없고 걱정하실까 봐 부모님에게도 얘기할 수 없었다. 그래서 성당에 다니기 시작했다.

그러나 딸을 그렇게 보낸 후에는 깊은 좌절감이 찾아왔다.

"하느님, 왜 제게 이런 시련을 주시나요? 받아들일 수 없습니다."

한동안 신을 원망하는 마음이 컸다.

다행히 잘 이겨내고 고비를 넘겼다. 하느님은 이런 마음도 이해해 주셨을 것이라 믿는다.

　성당을 다니다 보면 아무래도 봉사를 강요당하기도 한다. 봉사가 필요한 줄은 알지만 하기 싫을 때도 많지 않은가? 그전에는 이런 상황에서 갈등이 컸다. 그러나 이제는 마음이 내키지 않을 때는 하지 않는다. 내 마음이 시키는 대로, 내가 하고 싶은 대로 한다.

　돌이켜 보면, 내 인생을 한 번도 살아보지 못한 채 살아왔다. 이제는 내 인생을 살아봐야겠다. 똑똑하고 싶고 의지대로 살고 싶다. 취미생활 열심히 하고, 자기 목표 세우고, 자기 투자하면서 그렇게 자기 하고 싶은 것 하면서.

　'내 인생은 내 것이다.'

　과거 내 삶은 남편 뒤에서 살아온 삶이었다. 이제 되찾고 싶다. 내가 바라는 삶, 그것은 야무지고, 똑똑하게 사는 것이었다. 매력을 믿고, 신앙의 힘에 의지해서 내 인생을 살아갈 것이다.

딸을 위한 기도

주님!

주님께서 주신 선물을 주님께 다시 돌려드립니다!

당신 품으로 돌아간 아이의 영원한 안식을 빕니다. 주님 곁에서 성모의 보살핌으로 아이는 따뜻한 빛이 되었습니다. 아이가 빛나는 별이 되어 제 맘속에서 따뜻하게 자리를 잡고 있답니다.

주님께서 정말로 저를 사랑하신다고 믿습니다. 하지만 자꾸 눈물이 납니다. 저도 어찌할 수 없는 상실감에 괴롭고 슬퍼 심통이 나고 삐뚤어지고만 싶습니다.

주님, 아이와 함께했던 날들이 주마등처럼 지나갑니다. 그때마다 후회와 안타까움이 가슴을 후빕니다. 태어나던 날부터 하늘로 갈 때까지 16년 동안 딸을 내 소유물로만 생각했던 것 같습니다. 항상 주변의 잣대에 맞추려 단속했습니다. 딸을 보호한답시고 그런 것인데 딸도 저도 행복이나 즐거움 없이 하루하루를 허덕이며 살았습니다. 정말로 아이에게 필요한 것은 따로 있었건만 저는 그것을 해주지 못한 것 같습니다.

초등학교 시절에는 학교가 끝나면 요일별로 수영, 피아노, 미술 등 예체능에 목숨을 걸었습니다. 책 읽기와 숙제까지 하루 종일 아이한테

매달렸습니다. 저는 그것이 전업주부로서 최대의 관심과 사랑이라고
믿었습니다. 다행히 아이는 무럭무럭 자랐습니다. 잘 따라와 주었기에
지금 조금 아파도 상처가 있어도 그것이 결국 아이를 단단하게 하리라
생각했어요.

중학교 시절엔 학교 공부와 입시로 아이는 밤늦게까지 학원을 다녔
습니다. 저는 항상 자동차를 대기시켰습니다. 역시 그것이 사랑과 관
심이라고 생각했어요. 아이는 주어진 환경에 맞추려 끝까지 최선을 다
하며 부모가 원하는 것에 집중했지요.

하지만 그게 아니었습니다. 마음이 약하고 방어 능력이 부족한 아이
는 번번이 친구들에게 밀려 혼자 지내게 되었습니다. 먼 미래의 행복
이야 어찌 되었든 당장 하루하루 부당한 현실과 부딪치며 살아야 했던
아이는 행복할 수 없었습니다. 그런데도 저는 아이를 이해하지 못했습
니다.

키도 크고 얼굴도 예쁜데 왜 인기가 없을까?

저는 상황이 개선되기만을 바랐죠. 급기야 아이가 학교에 안 가겠다
고 할 때에는 이미 늦었음을 알았어요. 아이는 이미 깊은 우울증에 빠
져 있었습니다. 아이는 상담실을 다니기 시작했지만, 상담실을 다니는
것을 오히려 더 힘들어했어요.

학교에 다니면서 상담실을 다닌 지 한 달쯤, 아이는 현실의 모든 짐

을 던지고 갔습니다.

최진실의 죽음에 대해 꼬치꼬치 묻던 날이 생각나네요. 아이가 생각하는 것을 원하는 것을 깊이 있게 받아들여 대화를 나눴어야 했습니다. 그랬다면 이런 일을 생기지 않았을 것만 같습니다.

주님, 저는 아이가 학교를 그만두는 것이 두려웠어요. 그래서 아이가 조금만 더 견디어서 대학에 갈 날을 기다렸습니다. 그래 어른이 되면 달라질 거야 하면서 제 자신을 설득했고 아이도 달랬습니다. 아이는 반항 없이 따라왔습니다.

그러나 그게 아니었습니다. 부모와 세상의 기대를 저버릴 수 없었던 순종적인 아이는 자기가 원하는 대로 할 수가 없다는 것을 알고는 좌절했던 것 같습니다. 그래서 자기 삶을 바꾸려 하기보다는 미래가 없고 희망도 없는 이 세상을 등져야겠다는 결론을 내린 것 같습니다.

아이가 떠난 후 한동안 저희 가정은 폭풍 전야가 되었습니다. 고요하다가도 부부가 부딪치기만 하면 사지가 따로 없었습니다. 말하는 것도 조심스러웠습니다. 남은 삶을 어떻게 살아야 할지 막막하기만 했습니다.

남은 우리 가족 세 명은, 아직은 서먹서먹해하면서도 서로 걱정합니다. 어정쩡하게 지내고 있는 거지요. 우리는 시원하게 속내를 털어내고 대화를 못 합니다. 같이 울어 보고 싶은데 서로 우는 모습을 안 보여 줘요. 아마도 무너져 버리는 것이 두려워서 그럴 것 같습니다.

누나를 잃은 동생은 올해 대학에 들어갔어요. 사회성이 좋고 음악을 사랑하기에 조금 안심이 되긴 하지만 걱정과 안타까운 마음이 있어요.

주님, 저는 어렸을 적부터 순종적으로 살아왔습니다. 설령 제가 원하는 것이 아니어도 그것을 바꾸려 하기보다는 참고 참으며 견뎌 왔습니다. 그런 제 모습이 짜증이 납니다. 이제는 그렇게 사느니 안 살고 싶다는 생각이 드네요.

다행히 언젠가부터 성격도 변하는 것 같고 삶의 자세도 바뀌고 있습니다. 이제는 무엇이 옳은가 따지고 그리로 가는 것보다는 내가 원하는 대로 하고 싶어요.

'인생 길면 얼마나 길겠어, 인생 뭐 길게 있겠어!' 하면서 다짐해 봅니다. 마음 밑바닥에 잔뜩 깔렸던 걱정들, 그리고 저를 억압했던 양심적 도덕적 행동에서 벗어나 해방되고 싶어서요.

주님, 이렇게 마음먹는 순간, 벌써 해방된 것 같습니다!

이런 해방감은 무엇인지요? 내 딸이, 아니 이제는 주님의 품으로 돌아간 아이가 저기 저 별나라에서 제게 보내준 선물인 것만 같아서 마음이 금세 따뜻해지고 용기가 생깁니다!

주님, 당신이 아이를 지켜 주시듯이 저 또한 지켜 주실 것이라 믿습니다.

자작나무

셋

왜,
그
렇
게
엄
마
에
게
미
안
했
던
거
니
내
아
들
아

오직 어미 개만이 나를 세상으로 내보내 준 것은 물론 아닐 것이고 주변의 도움도 컸고, 다른 작은
행동들도 있었다. 그러나 어미 개가 준 위로와 용기에는 다른 것과 비교할 수 없는 특별함이 있었
다. 강아지가 자라 개가 되고 자기 새끼를 낳아 키우는 것을 보면서 감명을 받았다. 마치 아버지가
내게 주었던 특별한 사랑처럼, 청량제로 다가왔던 아들처럼, 어미 개의 모성에는 나를 움직이는
특별함이 있었다.

내 인생에서 제일 행복했던 시절에

엄마에게 너무 미안해

　　　　　　　　　　　　딸은 대학 졸업 후 직장생활
을 몇 년 하다가 결혼했다. 아들은 군 제대 후 취업 준비를 잘하고 있
었기에 무사히 직장에 들어갈 것이라 믿었다. 그러면 몇 년 안에 장가
도 보낼 수 있을 테니 정말이지 더 이상 바랄 게 없었다.

　"훨훨 내 하고 싶은 것 하면서 맘껏 편하게 살리라."

　오랜 고생이 끝나가는 것 같았다. 한때는 나를 힘들게 했고 결국 헤
어져야 했지만 아이를 낳을 수 있게 해준 전남편이 고마울 정도로 그
때는 가장 행복했던 시절이었다.

　그러나 알 수 없는 것이 사람 일이라고 했던가? 내 인생에서 가장 아
름다운 때에 나는 감히 상상조차 할 수 없었던 일을 겪었다.

　2011년 9월 4일. 내 전부이던 아들이 내 곁을 떠났다. 스물일곱 살
나이에 세상을 떠나 영원히 올 수 없는 곳으로 갔다. 이런 것이 인생이
어야 한단 말인가, 자기 인생에서 가장 행복했던 그 시절에 지옥으로
떨어져야 하는 것이. 살다 보면 삶에 자신이 없을 수도 있고 미래가 보
이지 않을 수도 있는데 왜 내 아들은 그렇게 갔을까?

아들 유서를 읽었다.

"엄마에게 너무 미안해."

슬픔이 복받쳐 제대로 볼 수 없었던 유서에서 이 구절을 똑똑히 볼 수 있었다. 지금도 선명하기만 하다.

도대체 무엇이, 왜, 그렇게 엄마에게 미안했던 거니 내 아들아.

아들의 불안

아들이 그렇게 간 다음에 아들이 내게 말하지 않았던 사실을 하나 알았다. 나는 아들이 인턴 생활을 잘하고 있는 줄 알았다. 그런데 아들은 인턴을 그만둔 채 직장을 알아보고 있었던 모양이다. 아들 역시 또래들처럼 청년 실업 등 시대의 문제를 안고 살았다. 여기까지는 이해할 수 있었다. 나는 아들이 직장을 잡을 때까지 얼마든지 지원을 해주려고 했다. 그런데 인턴을 그만둔 무직 상태에서 직장을 잡을 때까지 생활비가 필요했던 아이는 무담보 대출이라는 덫에 걸려 취업 준비생 대출을 받았던 모양이다. 액수가 600만 원 정도 되었다. 내게 말할 수도 있었을 텐데 끝내 말하지 않았던 것이다. 아들이 간 후에도 사금융 회사에서 계속 연락이 왔다.

그때는 정말 죽는 줄 알았다. 다른 이유 때문이 아니라 아이 아빠가 돈 문제 때문에 결혼생활 내내 힘들게 했던 것이 떠올랐고, 아이가 아빠의 그런 면을 닮았다는 점이 나를 충격에 빠뜨렸기 때문이다. 아이를 키우면서 아이가 남편을 닮을까 봐 전전긍긍했었다. 아들이 저세상으로 가기 전에는 그것은 그저 내 안에만 있던 불안함이었다. 그러나 아들에게도 있었고 그 아이 삶에도 영향을 끼쳤다는 것 아닌가. 막상 그런 현실에 닥치자 좌절하지 않을 수 없었다.

전남편은 다 좋았는데, 금전 관계가 불분명한 것이 문제였다. 자기 체면치레로 돈을 쓰고 다녔다. 당장 내일이라도 빚을 갚아야만 직성이 풀렸던 나로서는 남편을 이해할 수 없었다. 우리는 돈 문제로 부딪칠 때가 많았다.

남편 신용 상태는 좋지 않았다. 남의 돈을 마치 자기 돈처럼 여겼고 돈을 빌린 후에는 갚을 생각을 하지 않으니, 결국 이런 태도로 남편은 주위 사람을 많이 잃었다. 남편이 신용불량자가 되어 잠적한 적도 있었다. 결혼생활 내내 그런 생활이 지긋지긋했다.

남편이 저지른 일은 내가 다 처리해야 했다. 한번은 남편이 잘 굴러가던 사업을 확장한답시고 감당할 수 없는 대출을 받았다. 그러나 오래가지 못했다. 사업체가 망해서 집안이 풍비박산이 났다. 사회생활을 제대로 할 수 없었다. 마치 손발이 묶인 것 같았다. 참, 견디기 힘든 시절을 보냈다.

결국 더 이상은 버틸 수가 없어 남편과 헤어질 수밖에 없었다. 그래도 같이 살 때나 이혼 후에도 내 나름대로 잘 헤쳐 왔기에 남편에 대한 반감은 지금도 없다. 그러나 아들만큼은 남편을 닮지 않기만을 바랐다.

아들은 인근 5분 거리에 있는 사립학교에 다녔다. 아이가 조금이라도 아프면 학교에 보내지 않았다. 성적은 아무래도 좋았다. 성적 때문에 아들을 닦달한 적은 한 번도 없었다. 그냥 아이가 학교에 다니는 것만으로도 좋았다. 애들 아빠는 아이를 엄하게 키워야 한다며 화도 내며 재촉했지만 절대 그럴 수 없었다. 평소 순종적이었던 나는 아들에 대해서만은 남편에게 순종하지 않았다. 철저하게 내 방식대로 키웠다. 이런 모습에 친정 남동생은 아들을 너무 감싼다며 나를 타박하기도 했다. 아들에게 유별났던 것은 사실이다. 그러나 그런 데에는 이유가 있다. 어미로서 마음이 약한 아들을 그냥 두고 볼 수는 없었다. 아들을 지켜 주어야 했다. 다행히도 아들은 잘 컸다.

어느덧 20대가 되어 아들아이가 군대를 지원해서 간다고 했다. 군대 가는 아들을 보면서 기뻐하는 엄마가 세상에 있을까? 그러나 나는 달랐다. 다른 엄마들과 달리 나는 굉장히 기뻤다. 아들을 끼고 살았던 엄마이면서도 막상 아들을 군대에 보낼 때는 대범할 수 있었다.

내 기쁨은 어디에서 왔을까? 엄마 눈에는 약한 면이 유달리 커 보일 수밖에 없었을 텐데도 아들이 군대를 지원하는 모습을 보고서는 아들

에게 엄마가 보지 못한 강한 면이 있다는 것을 알 수 있었다. 그 점이
참 기뻤다. 아들이 잘 커서 자기 스스로 삶을 살아가는 모습을 확인할
수 있었으니 자부심까지 느껴질 정도였다.

아들은 강원도 철원 백골부대에서 근무를 했다. 다들 군생활 하기에
엄청 힘든 곳이라고들 했다. 그래도 나는 그 빡세다는 부대에서 씩씩
하게 생활하며 의젓하게 지내는 아들이 자랑스러웠다.

남들 다 가는 군대이니 나 혼자 보낸 것처럼 유별나게 굴 필요가 없
다지만, 또한 그 부대에서 내 아들만 군생활을 하는 것도 아니고 다른
부대 군생활도 다 어렵다고들 하지만, 나는 내 아들이 남자답게 제 손
으로 군대를 지원하고 그 빡센 곳에서도 당당하게 군생활을 하고 있다
는 것에 무한한 기쁨을 느꼈다. 아들이 자랑스럽기만 했다.

이혼 당시 아들아이는 열두 살(초등 5)이었고, 딸애는 열네 살(중 1)이
었다. 처음에는 아이들을 데리고 나올 수 없었다. 시댁에서 맡아 키우
기로 했다. 그러나 경제적으로 어려웠던지 나중에는 순순히 아이들을
내주었다. 결국 1년이 지난 후에야 아이들과 만날 수 있었다.

이혼하면서 아무것도 바라지 않았다. 아이들과 지낼 수만 있다면 모
든 것이 괜찮았다. 실제로 빈털터리로 새로운 생활을 해야 했지만 아
이들과 같이 지낼 수 있다는 것만으로 행복했다. 이혼 후 혼자 된 여자
에게 자식들이 짐이 된다는 말도 있지만 나에게는 전혀 그렇지 않았

다. 자식들이 나를 얽매게 하지는 않았다. 자식들이 나를 지켜 주었듯이 나 역시 자식들을 지켜 주고 싶었다.

그러나 아들이 간 후, 자식 키우던 내 방식에 대해 이런저런 생각이 들었다. 혼자 아이들을 키우면서 잘 키우고 싶었고, 아이들을 지켜 주고 싶었고, 번듯하게 자라기를 바랐다. 언제나 이 마음은 변함이 없지만 양육 방식은 다르게 보였다.

"자식을 마치 게임 파트너 같은 인생 파트너라 여기면 자식에 대한 소유욕도 사라집니다."

에세이 작업을 같이하던 분이 내 살아온 삶을 듣고는 이런 말을 해 주었다. 무슨 말인지 이해가 되었다. 한국 엄마들의 아들 사랑은 유별나고 소유욕도 크다. 내 아들 사랑은 적어도 평균치는 넘었을 것이다. 아들이 가기 전에는 이런 사실이 자랑스러울 정도였다. 힘든 일을 하다가도 아들 전화만 받으면 씻은 듯이 개운해졌다. 주변 사람들은 "아들이 청량제야"라며 놀려대기도 했다.

나는 그 말을 부러움이라고만 생각했다. 그러나 아들을 보낸 후에는 다르게 보였다. 사랑은 변함이 없지만 내 양육 태도와 '소유욕'이 달리 보였다. 내가 자식을 계속 붙잡고 있었던 것일까? 다른 사람 눈에는 아들에 대한 내 양육 방식과 태도가 '집착'처럼 보였던 모양이다.

글쎄? 아마도 남편과 사이가 좋지 않아서 아들을 더 감쌌을지도 모르겠다.

혼자서 아이 둘을 맡아서 키우면서 누구에게도 의지하지 않았다. 남편은 이혼 후에 양육비를 한 푼도 주지 않았다. 혼자 힘으로 아이들을 키워야 했다. 친정 도움도 받지 않았다. 친정 엄마는 생활력이 강한 분이라 내가 아쉬운 소리를 하면서 도와 달라고 했으면 얼마든지 도와주실 분이었다. 그래도 엄마에게 전혀 그런 얘기를 하지 않았다. 누구에게 아무런 도움을 받지 않았기에 참 어렵게도 아이들을 키웠지만, 다행히 아이들은 잘 컸다. 두 아이 모두 중학생이라 그런지 엄마가 돈 벌러 다니느라 집을 비워도 다들 스스로 컸다.

이혼 후에는 전남편과 거의 연락을 하지 않았다. 부부 사이야 이혼하면 남남이니 딱 끊어 낼 수 있었지만 자식들은 달랐다. 아이들은 그렇게 딱 끊어지지 않았다. 명절이 되면 아이들은 친가를 다녀와야 했지만 나는 못마땅해 했다. 딸이 결혼할 때도 아빠인데도 그 사람을 딸 결혼식에도 못 오게 했다. 나야 그렇다고 해도 아빠와 만나지 못하게 한 것이 아이들에게는 좋지 않았을 것 같다. 성장기 아이들에게는 아버지가 필요한 것이고, 그쪽 핏줄이었으니 아버지를 만나는 것이 자연스러웠을 텐데, 내 생각이 짧았다. 우리야 헤어져 남남이 되었지만 아이들에게는 아빠고 엄마가 아닌가.

부부야 헤어질 수도 있지만 아이들에게 이혼 여부와 상관없이 부모는 부모일 뿐이다. 왜 그때는 그것을 몰랐을까? 아이들이 부모가 이혼 상태에서 그 현실을 인정하고 살 수 있도록 세심하게 살피지 못했다. 헤어질 수밖에 없어 헤어졌지만, 그래도 서로 좋은 관계를 유지했다면 아이들에게 좋았을 것 같다. 아이들에게 마음의 상처를 준 것은 아닌지.

아들이 한번은 이런 말을 했다.

"아빠는 아빠다."

어린 줄만 알았던 아이가 제 딴에는 아버지를 의식하며 살았던 모양이다. 부자지간을 나름의 방식으로 긍정하고 있었던 것 같다. 나는 그런 줄도 모르고 아들에게 남편 험담을 하곤 했으니 그게 지금도 마음에 걸린다. 딸은 다행히도 아빠 험담을 승화하며 아버지를 상대화할 수 있었지만 아들은 그러지 못했을 것이다.

아들의 그 말을 들을 때 뭔가 예사롭지 않았다. 특이한 느낌이 왔었다. 그것은 무엇이었을까? 그때 왜 가슴이 서늘해졌던 것일까?

사는 내내 괴롭혔을 불안과 엄마에 대한 미안함은 어디에선가는 왔을 것이다. 아버지를 긍정할 수 없었으니 살면서 불안불안하지 않았을까? '아버지가 내 장래이구나' 싶은 불안한 마음이 아들에게 있지 않았을까? 뼈저리게 후회된다. 아이는 가기 전에 더 차분해지는 것 같았다. 더 착해진다는 생각마저 들었다.

"얘야, 엄마 때문에 그렇게 힘들었니?"

"내가 너를 너무 과도하게 보호하는데도, 엄마에게 말하면 그렇지 않아도 힘든데 더 힘들게 하는 건 아닌가 싶은 미안함 때문에 한마디 말조차 못한 채 평생 답답한 가슴을 움켜잡고 살았던 거니?"

내 불안함

자살유가족의 이야기인《너무 이른 작별》이란 책에는 남겨진 사람들이 어떻게 자책하는지 생생하게 나와 있다. 미국 사람들 이야기인데 사는 곳은 달라도 사소한 일상적인 말조차도 큰 죄의식과 후회를 유발하는 점은 비슷했다.

"프로이트는 목매어 죽은 한 친구에 관해 이렇게 논평했다. '무엇이 그를 자살로 이끌었는가? 설명하자면, 세상은 불행한 미망인에게 가장 무시무시한 혐의를 덮어씌울 준비가 되어 있었다.' 사회가 자살유가족에게 직접 죄를 묻는 것은 참혹한 것이다. 하지만 불운하게도 우리가 우리 자신에게 가장 가혹한 심판관이 된다. 왜 우리는 사랑하는 이가 우울증에 걸린 걸 몰랐을까? 왜 우리는 그들을 강제로라도 돕지 않았을까? 왜 우리는 그들이 건 마지막 전화에 응답하지 않았던가? 왜 우리가 마지막으로 다투었을 때 그들에게 함부로 말을 했을까? 자살이라는 결정은 뒤에 남겨진 우리에게 말로 다할 수 없는 무력감을 준다. 통제감을 잃지 않기 위해 우리는 종종 사랑하는 사람의 죽음이 '우리'가 만든 실수나 행동 때문이었다고 자책한다."

이 책에는 꽤 많은 자살유가족이 등장한다. 이들에게는 공통점이 있다. 가장 먼저 그들을 찾는 것은 냉철함이 아니다. 오히려 비난과 죄책감으로 어쩔 줄 모른다. 냉철함이란 무엇일까?

"그때 제 말이 얼마나 무정했는지 계속 되돌아보곤 합니다. 그러나 저는 또한 어떤 사람의 마음속에서 일어나고 있는 것이 어떤 것이든, 타인이 그것을 막을 수는 없다고 믿어요. 당신이 영향을 미칠 수 있는 유일한 방법은 결정을 도와 달라고 요청받을 때뿐이지요."

나는 매달 한 번 열리는 자살유족 자조 모임인 '자작나무'에 나가서 사람들 이야기에 귀를 기울인다. 그들도 나처럼 자책감으로 떨고 있었다. 그럴 때 냉철하게 한마디 위로를 던진다.
"당신 잘못이 아니었어요."
그러나 그렇게 말하는 나도 냉철할 수만은 없었다. 특히 초기에는 말할 나위가 없었다. 내 불안함이 자살 원인이 아닌가 싶은 자책감으로 서글펐다.

딸, 아들이 잘 자랐으나 괜히 불안해질 때가 있었다. 불면으로 밤마다 잠을 이루지 못해 고생할 때도 많았다. 부정적인 예측이 맞아떨어질 때는 더욱 불안해졌다. 특히 아들에게는 이상한 불안감이 있었다. 아들이 늦기라도 하면 좌불안석이 되어 견딜 수가 없었다. 전화를 해서 아들과 통화를 해야 마음이 놓일 정도였다. 물론 딸아이가 늦을 때도 밤길 때문에 걱정이 되었다. 그러나 아들에게 갖는 불안함과는 달랐다.

아들에게만은 어렸을 적부터 유별났다. 남편이 아들에게 소리라도 치면 평소 순종적이기만 했던 나는 남편과 격렬히 싸우면서 아들을 보호했던 기억이 생생하다.

나는 유난히 낙관적이어서 웬만한 일은 금세 잊는다. 여자로서 지난 한 세월을 살아왔고 그때마다 힘든 일들이 고단한 인생을 이리 몰고 저리 몰았지만, 알 수 없는 힘으로 낙관적으로 헤쳐 나왔다. 그런데 이상하게도 아들에게는 그러질 못했다. 아들 일이라면 벌벌 떨었다. 아들아이는 "엄마는 그게 병이야"라며 놀려대기도 했지만 나도 내 자신을 어쩌질 못했다.

자식을 보낸 어미가 이럴 자격이 될까? 다시 낙관적이어야 하는 것일까?

"나도 비난받을 수는 없는 것이다. 해리는 나의 허락도, 축복도 묻지 않았다. 내가 해리뿐만 아니라 나 자신까지도 용서하기 위해서는, 궁극적으로 자살이 다름 아닌 해리 자신의 생각이었음을 받아들여야만 한다. 내가 할 수 있는 모든 것은 그의 결정에 동의하지 않는 것뿐이다."

미국 여자의 이런 냉철함을 수용하기는 어렵다. 나에게는 나만의 방식이 있다. 청량제였던 아들을 변함없이 사랑하는 마음으로 아들은 지금 무엇을 원할까를 생각해 본다.

먼저 간 아들이 '엄마 미안해요. 그러나 나에 대해서는 다 잊고 평소처럼 지내세요. 그리고 나중에 이곳에서 만나요' 라고 내게 말하기라도 할까?

살아온 세월

　　　　　　　　　　　　　　　아버지의 특별한 사랑이 좋
았다. 살아오면서 아버지와 나의 관계에 대해 한 번도 생각해보진 않
았는데, 이번에 에세이 작업을 하면서 아버지와 내가 어떻게 살았는지
를 생각해 볼 수 있었다. 아버지 얘기를 하면서 추억이 새로웠고, 아버
지와 나눈 정이 많았다는 게 인상적으로 다가왔다.

　아버지는 군인이셨다. 아버지 직업상 근무지가 부단히 바뀌어서 어
렸을 때는 자주 이사를 다녔다. 나는 4남 1녀의 장녀로 태어났다. 첫딸
은 살림 밑천이라고 좋아하셨다는 엄마 말이 생각난다.

　아버지는 나를 많이 예뻐해 주셨다. 밑으로 남동생만 넷을 두고 내
가 첫딸이어서 애틋한 마음이 있었던 모양이다. 밥을 먹을 때도 동생
들은 엄마랑 한 상에서, 나는 아버지랑 같은 상에서 먹었다. 내 또래라
면 이럴 때 딸은 엄마와 먹고 아들은 아버지 상에서 밥을 먹는 것이 어
릴 적 풍경으로 떠오를 것이다. 그러나 특이하게도 나는 딸이면서도
아버지와 겸상을 했다. 그때야 그런가 보다 했고, 나를 예뻐해 주시는
아버지와 단둘이 밥을 먹을 수 있어서 좋았다. 아버지 상에는 맛있는
반찬이 많았다. 동생들은 나를 부러워했다.

유난히 드셌던 남동생 넷, 그런 남자 숲에서 살다 보니 나에게도 남성적인 거친 면이 있었을 것이다. 형제들 간에 싸우면 남자애들이다 보니 간혹 과격하게 싸우기도 했다. 그럴 때면 아버지가 매를 댔다. 다 같이 엎드려뻗쳐 한 후 군대식으로 엉덩이를 열 대씩 맞았다. 그래도 아버지는 나를 가끔 빼 주거나 한두 대만 슬쩍 때리며 지나쳤다. 아버지는 딸인 내게 그런 혜택을 주셨고 나는 맞으면서도 아버지의 특별한 사랑이 좋았다.

그렇다고 아버지가 폭력적인 분은 아니었다. 오히려 아버지는 다정다감한 분이셨는데, 군인이라 교육 방식이 군대식이었다. 한 번도 아버지가 무서웠던 적은 없었다. 아버지는 학교에도 자주 오셨다. 졸업식과 입학식은 물론이고 학기 중에도 오시곤 했다. 여중, 여고 시절에도 아버지랑 학교에서 자주 만날 수 있었다. 학교에 오시면 맛난 것도 많이 사 주셨다. 그럴 때면 아버지는 내 친구들도 데리고 매점으로 가서 우리 모두에게 후한 인심을 베풀어 주셨다. 사진기도 가지고 오셔서는 사진도 찍어 주셨다. 아버지가 오시면 기뻤다.

사회생활을 할 때에도 돌봐 주셨다. 여고를 졸업한 후에 아버지 지인 소개로 한 대학 교무처에 입사할 수 있었다. 대학 측 배려로 나는 주간에는 근무하고 야간에는 대학에 다닐 수 있었다. 아버지 덕분에 어렵지 않게 좋은 직장을 다닐 수 있었다.

　새록새록 내 기억 속 아버지는 좋으신 분, 착하신 분, 잘생긴 분이다. 내 인생에서 아버지만큼 나를 사랑해 주고, 기쁘게 해주고, 보호해 주었던 남자는 없었다. 그런 아버지가 내 나이 스무 살에 돌아가셨다. 직장으로 아버지가 위독하다는 전화가 왔을 때 덜덜 떨면서 아버지에게 갔다. 아버지는 결국 저세상으로 가셨다.

　그 후, 2년 동안 아무런 의욕이 없었다. 걷는 거리는 황폐하기만 했다. 일이 손에 잡힐 리가 없었다. 사는 게 뭔지, 왜 살아야 하는 건지, 나도 따라 죽어야지 하는 생각도 들었다. 아버지가 돌아가신 것도, 혼자 남겨진 내 자신도, 이런 상황이 애달팠다.

　시집갈 때는 아버지 시신을 염할 때 아버지에게 입혔던 옷을 가져갔다. 그 옷을 몇 년 동안 옷장에 보관했다. 아버지와 늘 같이 있는 것 같아 심리적으로 안정되었다. 시집살이가 고될 때마다 위안을 받으면서도 다른 한편으로는 아버지가 살아 있었다면 이렇게 살지는 않을 텐데 하는 회한이 들었다.

　어렸을 때는 아버지가 엄마에 비해 월등해 보였다. 외모나 학식, 모든 면에서…… 살림이 펴지니까 아버지는 바람을 피우기 시작했다. 한번은 아버지가 술집 마담(그때는 비어홀이라고 했다)과 바람을 피운 적이 있었다. 충격받은 엄마는 약을 먹었고 성바오로병원으로 실려 갔다. 다행히 생명에는 지장이 없었다. 그럴 때 딸은 당연히 바람 피우는 아버지에 대한 미움이 생길 텐데 나는 달랐다. 아버지가 밉지 않았다.

'아버지가 잘생겼으니 바람피워도 된다' 이런 생각마저 들었다. 엄마가 괴로워하는 모습을 보고서 오히려 엄마가 그런 것도 못 참고 이렇게까지 해야 하나 싶어 엄마가 미웠던 기억도 난다. 아버지가 돌아가신 후에 아버지 꿈을 자주 꾸었는데, 아버지가 살아나고 엄마가 죽는 꿈조차 꾸기도 했으니, 참.

닮기는 엄마를 닮았다. 혼자되고 나서 내 모습을 보니 영락없이 엄마 모습이다. 엄마가 우리를 키운 방식으로 나도 아이들을 키웠다. 엄마가 키워 주었고 지금도 엄마 덕에 살면서도 이상하게 자랄 때 엄마 기억은 별로 없다.

지금이야 엄마에 대한 고마움이 말할 수 없이 크지만 결혼할 때까지는 몰랐다. 결혼 전에 직장을 다닐 때 월급을 타서는 엄마에게 생활비도 드리지 않았다. 지금 생각해도 정말이지 '철딱서니'가 없었다. 결혼 후 시댁에서 고생하면서 비로소 철이 들었다.

지금은 아버지가 돌아가시기 전까지 아버지에 대한 내 태도가 편협했다는 것을 이해하고 있지만, 당시에는 꿈에도 그런 생각을 못 했다. 아버지에 대한 무작정 순진무구한 사랑이 지금도 애틋하다.

남편

　　　　　　　　　　대학에서 일할 때였다. 한번
은 친구가 일어 스터디 그룹에 나가자고 해서 생각 없이 따라간 적이
있었다. 그곳에서 아이 아빠를 만났다. 당시 남편은 훤칠했고 성격도
좋았다. 매너 좋고 깨끗한 젠틀한 이미지였다. 매사가 말끔했고 배려
심도 있었다. 한마디로 괜찮은 남자였다. 사귈 만했다.

　그러나 그 사람 집안은 여자가 들어가 살기에 조건이 나빠도 그렇게
나쁠 수가 없었다. 강하고 이기적인 시어머니, 시외할머니, 시동생 둘,
수녀원에 갔다 온 시누이. 집 한 칸도 없이 월세 살이 하는 집이었다.

　그런데도 마냥 끌렸다. 좀 모자라거나 맹한 거 아닌가. 그만큼 철이
없었다. 지금은 첫 단추가 잘못 끼워졌다고 생각하지만 그땐 뭐가 씌
었는지 참 많이도 좋아했다.

　우여곡절 끝에 결혼했다. 결혼 후에야 비로소 현실이 닥쳤다. 시어
머니는 가난한 생활에서도 마치 '재벌 사모님' 처럼 생활했다. 며느리
가 직장을 다니는 것을 오히려 좋아했는데 그 이유가 며느리가 경제력
이 있기 때문이었다. 시어머니는 고부 갈등이 있을 때면 아들 직장으
로 전화해서 하소연했다. 뭘 어쩌자는 것인지……

　남편은 일에 방해가 된다며 자기는 죽어지내겠다고 했다. 남편은 유
별난 효자였다. 그래서인지 집안 갈등을 해결할 줄 몰랐다. 연애할 때

멋져 보였던 남편 태도 하나하나가 결혼생활에서는 질곡으로 작용을
했다. 그러나 결혼 당시는 그런 것은 상상할 수도 없었다. 그렇게 살았
다. 괴로운 조건에서 지지고 볶으며 살면서 하루하루 괴롭지 않은 날
이 없었다. 마땅한 해결책도 보이지 않아 어서 나이를 먹어 60~70대가
되기를 기다렸다. 그때쯤이면 시어머니도 저세상으로 가실 것이니 자
연스럽게 이 고통도 끝나지 않을까 싶었다. 그럴 때도 남편을 좋아하
는 마음은 변치 않았다. 돌이켜 보면, 남편보다는 시댁과 어려웠다.

　남편은 다니던 직장을 그만두고 사업을 시작했고 결국 부도가 났다.
그때 여러 가지 상황이 겹쳐 아이들은 내가 맡아서 키우는 것으로 하
고 이혼을 했다. 헤어지면서 1원도 못 받아 완전 빈털터리 신세가 되
었다. 더구나 남편은 나까지 연대보증인으로 세워 나는 신용불량자까
지 되었다. 생활 전선은 간단치 않았다. 그러나 무엇을 해서든지 먹고
살아야 했고 어떤 경우에도 새끼들을 굶길 수는 없었다.

　영업사원도 하고 보험아줌마도 했다. 살기 위해 별별 것을 다해 보
았다. 그전에 다니던 직장을 계속 다녔으면 좋았을 텐데, 남편의 사업
이 승승장구하자 직장을 그만두라며 괴롭혀 그만두지 않을 수 없었다.
나는 여러 직업을 전전하면서 아이들을 키우고 공부시켰다. 하루하루
가 참 힘들고 고달팠다.

　헤어진 후 나는 전남편을 모질게 대했다. 물론 지금은 그 사람과 시

댁에 대한 미움이 거의 사라졌고 오히려 연민마저 들지만 한때는 모진 여자이어야 했다. 아무리 그래도 지겨운 시집살이를 벗어났기 때문인지 마음은 편했고 아이들과만 지낼 수 있어서 정말 행복했다. 다른 어려움은 눈에 들어오지도 않았다.

그러나 그게 다였을까? 지금 와 생각해 보니 나만 행복했던 건 아니었을까 싶은 회한이 든다. 어쩌면 아들아이는 엄마가 행복하게 지낼 때 마음의 상처를 깊이 받아 혼자 고통에 빠져 있었던 것은 아니었을까?

내 인생의 세 남자였던 아버지, 남편, 아들. 나는 이들을 굉장히 좋아했다. 그러나 내가 이렇게 사랑했던 남자들을 안 좋은 일들로 다시 회상하게 되어서 마음이 아프다.

어미 개의 돌봄을 받으며 세상으로 나왔다

실성한 여자

아들이 떠나고 혼자 남은 곳에서 할 수 있는 것이라곤, 해야 했던 것이라곤, 우는 것뿐이었다. 극도의 공포감으로 어쩔 줄 몰라 울고 또 울었다.

자기 전부였던 아들을 잃은 어미 심정을 누가 알 수 있을까?

"스물세 살에 결혼해서 아이를 가졌는데 남편이 세상을 떠났다. 청상과부가 되어 유복자를 낳았고 온갖 궂은일을 하면서 아들을 키워 대학에 보냈다. 아들은 대학 재학 중 유신반대운동을 하다가 강제 징집을 당해 군대에 갔다. 얼마 후 전방 근무를 하던 아들이 훈련 중 지뢰를 밟아 죽었다는 연락을 받았다. 엄마는 아들의 뼈를 국립묘지에 묻지 못했다. 묻을 수가 없었다. 아들의 뼈를 고향집으로 가져와 매일 그것을 쓰다듬으며 울부짖었다. '아들아, 내 아들아, 너는 지금 어디에 있느냐?' 동네 사람들이 실성했다고 수군댔다."

명진 스님 법문 《스님은 사춘기》에 나오는 한 여자의 기구한 이야기다.

아들을 보낸 여자의 절절한 심정이 전해진다. 동네 사람들이 수군대지는 않았지만 나 역시 실성한 여자였다. 깨어 있는 시간이든 잠들어 있는 시간이든 아무것도 할 수 없었다.

명진 스님 법문에는 명진 스님 어린 시절 이야기도 나온다. 스님은 겨우 여섯 살에 사랑하는 엄마를 잃었다. 엄마가 아버지와 불화로 자살한 것이었다.

"초등학교 5학년 때는 내가 훔치지 않은 돈을 훔쳐 간 걸로 아신 아버지가 매질을 했다. 나는 너무 억울한 마음에 축대에 서 있는 아버지를 밀쳐 버리고 지금 마포대교 밑에 있는 한강 벼랑천으로 뛰어들었다. 모래를 싣고 지나가던 뱃사공이 아니었다면 내 인생은 열두 살로 끝났을 것이다. 그렇게 죽음이라는 의식은 항상 내 삶 가까이에 있었다."

나는 처음 석 달 정도는 아침마다 15층 아파트에서 뛰어내리고 싶은 충동과 무력감에 시달렸다. 거의 매일 죽으면 끝나지 싶었다. 그만큼 죽음 가까이에서 살았다.

명진 스님 법문에 나오는 그 여자는 그렇게 매일 울부짖으며 자식을 찾다가 죽고 사는 일을 돌아보게 되었다고 한다. 자식에 대한 절절한

사랑이 '도대체 삶은 무엇이고 죽음은 무엇인가' 에 대한 물음으로 자
연스럽게 이어졌던 모양이다. 그 여자는 미친 사람처럼 한두 해를 보
냈다. 미치지 않으면 살 수 없었던 그 여자는 어느 여름날 처마에서 떨
어지는 낙수에 물거품이 일어났다 꺼졌다 하는 것을 보다가 홀연히 깨
닫게 되었다고 한다.

나는 어땠을까?

예상하지 못했던 일

한 달이 지난 어느 날이었
다. 장모가 걱정되었던 사위가 보다 못했는지 강아지를 한 마리 사다
주었다. 뭐에라도 의지하라는 뜻이었을 것이다. 그런 마음 씀씀이가
고맙긴 했지만 내게는 강아지를 키울 여력이 없었다. 오히려 강아지에
게 밥을 주는 것조차 귀찮았다. 내다 버리고 싶었다. 혼자 있고만 싶었
다. 아무리 그래도 사위가 사준 것이니 내다 버릴 수가 없었다.

불행한 집에 들어온 강아지는 그대로 방치되고 있었다. 그런데 참으
로 신기했다. 주인이 제대로 돌봐주지 못했는데도 강아지는 아랑곳하
지 않고 꿋꿋하게 스스로 살아가는 것이 아닌가. 어느 날 강아지가 보
이지 않았다. 웬일인가 싶었는데 얼마 후 다시 집으로 돌아왔다. 새끼
를 밸 만큼 커서 교미를 하고 온 것이었다.

생명이 사라진 자리에서 새로운 생명이 자라나기 시작했다.

새끼를 낳고 기르는 모습을 가만히 지켜보았다. 배불러 오는 모습을 보았고, 갓 태어난 새끼들을 정성스럽게 혀로 핥는 모습을 보았고, 새끼들을 품에 안고 지극히 돌보는 모습을 보았다. 장엄했다. 그 장엄한 생명 과정을 지켜볼 수 있었던 사건이 전환점이 되었다.

물론 내가 지켜보았다기보다는 어미 개가 내게 무언가를 보여 주었던 게 아니었을까?

어미 개는 새끼를 낳는 과정을 내게 다 보여 주었다. 어미는 담요까지 가져와 자리를 만들고는 출산을 시작했다. 그 지저분한 태반을 다 먹고 피를 튀겨 가며 스스로 탯줄을 다 끊고 갓 태어난 새끼들을 혀로 일일이 핥아 주었다. 꼼짝 않고 젖을 다 먹이는 것이 아닌가? 경이로웠다. 숙연해지지 않을 수 없었다. 생명이 저런 것이거늘 나는 인간으로 살면서도 한낱 미물로 살았구나 싶었다.

비로소 살아야 하는 이유를 서서히 알게 되었다. 나는 점차 달라졌다. 즐겁게 뛰어노는 강아지들이 참 사랑스러웠다. 위로가 되고 의지가 되었다. 교감도 나눌 수 있었다. 강아지를 돌보는 게 꼭 아이 키우는 것 같았다. 강아지 눈을 가만히 보고 있으면 아들이 떠올랐다. 그렇게 죽음의 자리에서 생명이 자라났다. 지금도 여전히 힘은 들지만, 그때 장엄함이 떠올라 위로를 받고 힘을 얻는다.

새로운 목표

아들이 그렇게 간 이유를 알
고 싶었다. 그럴 때마다 내 양육 태도 때문인가 싶어 죄책감이 들었다.
차라리 가혹하게 키울 것을 그랬나? 잘 모르겠다. 내가 도저히 알 수
없는 것도 있지 않을까. 에세이 모임에서 이런 말을 들었다.

"자살 스타일 중에는 자신에게 지나치게 엄격한 나머지 자기 파괴적
의사 결정을 하면서 자기를 파괴하는 유형도 있다."

아무리 그래도 부모 탓으로만 돌릴 수 없다. 자식도 독립된 한 인간
이었고 태어날 때부터 가지고 태어난 기질도 있고 교육받고 크면서 자
기 나름대로 살아왔다. 부모의 말 한마디로 고통을 받을 수는 있을 것
이다. 그러나 그 말 한마디가 비극적인 일을 불러왔다고 단정할 수는
없다. '죄책감'을 내려놓아야 한다. 사람은 자기마다의 스케일이 있
다. 유난히 그릇이 큰 사람이 있다. 물론 부모는 어렸을 때 자식에게
통 큰 그릇을 만들어 주기 위해 노력해야 하겠지만 그것도 한계가 있
을 것이다.

2년이 지난 요즘 사람들을 만나면 얼굴이 좋아졌다는 얘기를 듣는
다. 글쎄, 다행이긴 하지만 이런 얘기를 들으면 슬퍼진다. 안 좋아졌다
는 얘기를 듣고 싶어 그러는 것은 아니다. 이제 아들은 가고 없다. 더
이상 아들을 기다릴 수는 없다. 아들이 간 이후에도 내 인생은 남아 있

고 나는 살아야 한다.

"가장 어려웠던 것은 제가 제 삶을 살아야 한다는 것이었어요."

동병상련을 느낀다.

좌우지간, 살아야 했다. 살기 위해 별별 노력을 다해야 했다. 성당에도 다녀 보았다. 그러나 주일미사 드리는 정도, 대충 다녔다. 여기저기 치유 프로그램에도 나갔다. 그러나 별반 차이를 느낄 수 없었다. 봉사 활동도 시작했다. 세상에는 나보다 어려운 처지에 처한 사람들이 있을 것이고 그들을 돕다 보면 내 슬픔 따위는 잊을 수도 있지 않을까 싶었으나, 내 마음대로 되지는 않았다. 봉사 활동을 하긴 했으나 적극적으로 하지도 않았다.

오직 어미 개만이 나를 세상으로 내보내 준 것은 물론 아닐 것이고 주변의 도움도 컸고, 다른 작은 행동들도 있었다. 그러나 어미 개가 준 위로와 용기에는 다른 것과 비교할 수 없는 특별함이 있었다. 강아지가 자라 개가 되고 자기 새끼를 낳아 키우는 것을 보면서 감명을 받았다. 마치 아버지가 내게 주었던 특별한 사랑처럼, 청량제로 다가왔던 아들처럼, 어미 개의 모성에는 나를 움직이는 특별함이 있었다.

이제는 사는 날까지 힘을 잃지 않고 살아가 아들을 만나러 가는 새로운 목표가 생겼다. 자식 먼저 보낸 여자로서 뻔뻔한 것이 아닌가? 전에는 뻔뻔한 사람들이 제일 싫었다. 그러나 가볍고 뻔뻔하게 살라는 메시지가 깊이 다가온다. 너무 심각해하지 말라는 뜻인 것 같다. 이제는 아침에 일어나 뛰어내리고 싶은 생각이 없어졌다.

세 가지 종류의 평범함

평범함을 유지한다는 것

언제 이렇게 나이를 먹었나! 새삼스럽다. 에세이 모임을 하면서 아무런 의미도 없을 줄 알았던 내 인생에 조금이나마 의미가 있다는 것을 알고서는 잠깐이나마 추억에 잠길 수 있었다.

살아온 세월을 돌이켜 보니 특별할 것이 없다. 성당에 나가 80대 노인들을 만나 얘기를 들어 보면 한 분 한 분 인생이 대하드라마이건만 나에게는 언감생심이다. 평범하게 살아온 인생, 무엇이 있어 특별했다 말할 수 있을까?

에세이 모임의 마지막 자리를 우리는 화양연화라 불렀다. 화양연화는 '인생의 아름다운 한때'라고 한다. 글쎄, 내게도 '인생의 아름다운 한때'가 있었던가. 처절했던 때만 기억이 나는데.

힘겨운 결혼생활을 했고, 이혼을 했고, 아들까지 보낸 여자가 평범하게 살았다고 한다면 이상하게 들릴지 모르나 '인생은 평범했다'.

내가 생각해도 나는 착하다. 악한 사람이 아니다. 나머지는 평범하다. 평범한 아버지 밑에서 평범하게 살다가 평범한 남편 만나 살았던 세월이었다. 내 삶의 모토는 지금도 평범함이다. 자식들을 키울 때도 그렇게 가르쳤다. 군대 가는 아들에게 1등 하려고 튀지 말고 중간만 가라고. 그러나 지금은 회한이 된다. 혹시 아들에게는 가장 어려웠던 것이 평범함은 아니었을까? 아들의 야망, 아들의 꿈을 꺾었던 것은 아닐까?

사는 게 그렇게까지 힘들지는 않았다. 감당할 수 없어 어쩔 줄 몰라 하며 좌절하지는 않았다. 그렇게까지 힘들어서 사람을 찾지 않았다. 신앙에도 의지하지 않았다. 아들이 장가를 간 후에 파트너를 구할 생각도 있긴 있었지만 아들이 간 후에는 이런 생각도 사라졌다.

어려운 상황에서도 나만 왜 이러지, 못난 나 때문에 이렇게 되었구나, 이런 자책감도 들지 않았다. 아무리 힘든 일도 지나고 나면 금방 잊어버렸다. 아버지에 대한 애틋함과 엄마의 지극 정성이 있었고 나는 그렇게 컸다. 그러나 두 분이 내게 특이한 정신적인 영향력을 주었다는 생각은 들지 않는다.

살아오면서 이리저리 시달렸지만 내 나름대로 소화하며 그 생을 견디었다. 중간을 가자며 살았는데 이것이 작용한 것 같다.

평범함이 깊어진다는 것

에세이 모임을 같이한 분들이 나에 대해 여러 가지를 말해 주었는데 공통점 중의 하나는 내게는 '편안하고 안정감이 있다'는 말이었다. 남에게 민폐를 끼치지 말자, 이것이 평소 내 삶의 가치였는데, 아무래도 이런 점이 작용한 것 같다.

고된 시집살이를 참으며 살다 보니 내면이 깊어진 것 같다. 어렸을 때는 철부지였다. 엄마가 그렇게 고생하시는데도 전혀 돕지 않았다. 시집살이하면서 벌받는 것인 줄 알았다. 시집살이를 할 때는 힘들고 괴로웠다. 그러나 이제는 이해되는 것도 많고, 무엇보다도 자식의 죽음이라는 큰 고통을 겪다 보니 이런 고생도 내면을 깊게 하는 역사가 되었다. 내면이 깊다는 동무의 말을 나는 이렇게 해석한다.

살면서 의리를 소중하게 여겼다. 자작나무 모임에 꾸준히 나오는 것도 이런 이유 때문이다. 그렇다고 내가 잘난 사람이라는 말은 아니다. 나는 다만 약속을 지키는 사람이고 싶을 뿐이다. 살면서 줄곧 약속을 지키려고 노력했고 이것 때문에 과도한 책임감으로 힘들 때도 많았지만, 약속을 지키는 삶을 소중히 알고 살아왔다고 생각한다.

그렇게 생각하지는 않지만 나에게는 카리스마도 있는가 보다. 처음이 말을 들었을 때는 다소 의아했다. 나처럼 순종적인 사람에게 무슨 카리스마가 있다는 것인가? 아마도 내게 그런 모습이 있다면 그것은 맏딸로 컸기 때문은 아닐까 싶다. 집안에서 맏딸로서 역할을 다했는가 하는 것은 별개의 문제겠지만, 맏딸로서 내가 할 일은 뭘까 하는 생각을 하며 지냈는데, 아마도 이런 점 때문에 카리스마의 모습이 비친 것은 아닐까?

고된 시집살이를 하면서 얻은 교훈이 한둘이 아니지만 타인을 대할 때 배려해야 한다는 것은 확실히 배웠다. 일종의 반면교사라고 할 수 있다. 속으로는 나는 저렇게 살지 말아야지 다짐하곤 했는데, 그것이 행동과 태도에서는 배려하는 모습으로 나타난 것 같다.

후배들이 시집살이와 남편 외도 등으로 고민을 토로하면 난 잘 들어준다. 공감을 많이 해주며 묵묵히 들어준다. 무슨 해결책을 마련해서 적극적으로 문제를 해결한다는 뜻은 아니다. 그저 공감하며 들어준다. 그런데 그렇게 들어주는 것만으로 큰 효과가 있는 것 같다. 후배들 반응이 좋다는 것을 그 순간 확연히 느끼기 때문이다. 아무리 바빠도 후배가 어려운 일로 전화를 하면 다 들어준다. 내가 생각해도 나는 확실히 얘기를 잘 들어준다. 그렇다고 인생에 개입하거나 코치하거나 간섭하지는 않는다.

그러나 내가 힘들 때는 말을 하지 않는다. 혼자서 책을 읽고, TV를 보면서 삭인다. 다른 한편, 나는 아이들에게 위로를 많이 받았다. 특히 아들은 청량제였다. 아무리 힘들어도 아들이 전화를 하면 우리 아들 목소리를 듣는 것만으로도 힘든 게 다 풀렸다.

물론 이제는 나도 안다. 내가 행복해야 이야기를 더 잘 들어줄 수 있다는 것을……

나는 변덕스럽지 않고 꾸준하게 살아왔다. 이런 내 삶이 나를 안정된 사람으로 만든 것 같다. 나도 편한 관계를 추구한다. 남녀를 불문하고 나를 만나면 편안해 한다는 것을 나도 안다. '섹시한 매력'은 없다는 말도 들은 적이 있었고, 너무 편안해서 긴장감이 없다는 말도 들었다. 아마도 내가 평범한 사람이기 때문에 사람들이 편하게 접근할 수 있는 면도 있었을 것이다. 그러나 이것이 다는 아닌 것 같다. 다른 한편, 내가 남들에게 편안한 사람이 될 수 있었던 데에는 내가 편한 관계를 추구했기 때문이라는 점도 작용하는 것 같다. 나는 사람 사이의 관계가 편안해야 한다고 생각한다.

평범할 수 없는 것에 대해

요즘은 딸하고도 자주 대화를 나눈다. 너도 아들을 낳았으니 이렇게 저렇게 키우라고 말해 준다.

부부 관계가 아이에게 미치는 영향이 크니 사위와 잘 살아야 한다고
말해 주곤 한다. 둘이 키워도 힘든데 행여 혼자 키울 생각을 말라고 다
짐도 주었다.

아들도 보냈는데 딸에게도 악영향이 갈까 싶어 딸의 장래를 생각하
지 않을 수가 없었다. 다행히 딸은 제 길을 잘 찾아 사는 것 같아 마음
이 든든하다.

돌이켜 보면, 요란스럽지는 않았다. 지난 2년 동안도 그랬고, 살아온
긴 세월도 그랬다. 아들을 보낸 후 몇 십 년 세월이 흐른 것도 아니다.
그러나 시간의 길고 짧음이 뭐 그리 중요하고 지식과 유식함의 크기가
뭐 그리 중요할까?

"공부는 그렇게 하는 것이다. 자식의 죽음으로 인해 삶과 죽음이 무
엇인가를 물었으니 그 물음이 얼마나 간절하고 절박했겠는가. 그런
절절함을 바탕으로 나는 누구인가를 물어야 한다."

명진 스님의 법문처럼, 나에게도 절절함이 있었다. 절절함은 어디에
서 왔을까? 나를 가장 깊이 사랑해 준 아버지의 특별한 사랑에 절절했
고, 청량제였던 아들에게 절절했다.

"애지중지 키우던 외아들이 죽었다고 치자. 어머니가 그 자식의 죽음 앞에서 '자, 이제부터 아들을 생각하며 울어야 되겠다'라고 작정하고 우는가? '오늘부터 밤을 새워서 용맹스럽게 울어 보자. 한 시간 울고 십 분 쉬고, 한 시간 울고 십 분 쉬고 그렇게 여덟 시간 동안 울어 보자'라고 하는가? 정말 슬픈 사람은 잠을 자다가도 저절로 눈물이 줄줄 흐르고, 밥을 입에 넣다가도 자식 생각에 설움이 복받쳐 눈물이 쏟아진다."

명진 스님도 여섯 살에 자신을 다정하게 불러 주고 안아 주던 엄마를 자살로 잃었다고 한다. 그 이후로는 세상을 살면서 평범할 수 없었다고 한다. 겉으로 보기에는 평범했을지 몰라도 마음은 언제나 요동쳤다. 요동친다는 것······ 평생 절절하게 순수하게 살았을 것이다.

나 역시 마찬가지다. 아주 순수한 마음으로 지난 2년을 살았고, 언제 이렇게 나이를 먹었나 싶게 긴 세월을 살아왔다. 지극한 순수함과 절절함이 있어 평범하기만 한 내 인생에도 특별함이 있다.

특별한 것을 하나 꼽으라면 자식들을 꼽을 수 있겠다. 평범했던 세월에서 내세울 게 자식들밖에 없다. 내 자식들이 잘나서가 아니다. 사회적으로 본다면 중간 정도로 갔지만 그래도 나는 자식들이 자랑스러웠다.

자식들은 내 마음속에서 태산처럼 크게 자리를 잡았다.

다음 세상에 아들과 다시 만나기를 바라며

아직은 '정지' 하고 싶다. 아이를 그대로 두고 있다. 아들 유품도 그대로 두고 있다. 아이 사진을 아직은 꺼내서 보지 못하고 있다. 사진을 보는 순간 아들을 사무치게 그리워할까 봐, 그래서 아들에 대한 그리움으로 아무것도 하지 못할까 봐 두렵다.

그러나 2년이 지난 지금, 아들과 관계에서 새로운 것도 생겼다. 나는 아들이 내게 준 것이 있다고 믿는다. 결혼한 딸이 손자를 낳았다. 처음에는 손자를 볼 수가 없었다. 손자를 보면 아들 생각이 더 간절해졌기 때문이다. 딸애가 서운해 해도 어쩔 수 없었다. 손자에게 정을 주기 힘들었다. 그러나 지금은 좀 달라졌다. 손자는 아들이 내게 주고 간 선물이라고 생각한다.

아, 아들이 내 사랑을 알고 갔다면 얼마나 다행일까? 저 세상에서도 내 사랑을 받았다는 것을 기억하고 있기를 간절히 바란다. 앞으로도 난 많은 날을 살아가야겠지만, 아직은 지금 이대로 지내고 싶다. 내세가 있다면 아들과 만날 수 있기를 바라면서 나는 오늘도 오늘을 산다.

자작나무

넷

39년 생애를 사느라 참 애썼다, 내 딸아

안나야. 신부님 강의를 듣고 죄의식에서 벗어나는 (그러나 슬픔을 함께하는) 위로를 받았다. 암처럼 신체의 아픔이나 마음의 아픔으로 떠나가는 것은 다 마찬가지라고. 그래서 너도 나도 자유롭고 싶다. 우리 함께 만나자. 슬퍼하지 않으려고, 나도 애써 본다.

정말 내가 너무 무지한 탓에 이 모든 일이 벌어졌다. 모르는 것이 너무 많다. 너에 대해서는 특히. 부디 다 잊어버리고 그곳에서 잘 지내거라. 나는 이곳에서 다음의 만남을 위해 기다릴게.

굿바이

안나야!

　　　　　　　　너의 본명을 불러 보는 것이
낯설구나. 네가 왜 그렇게 황망히 떠났는지 지금도 이해가 되지 않는
다. 엄마로서 자격상실이구나.

　그날, 나는 아주 기분이 좋았단다. 그때는 내가 이리저리 마음고생
을 하고 있던 때였다. 뜻하지 않게 암이 발병했고 결국 수술밖에 없을
까 싶어 긴장되어 있었는데, 감사하게도 의사가 수술할 수 있다고 했
단다. 그 순간 긴장도 풀리고 기분도 괜스레 좋아지더구나. 마침 네 여
동생도 암 수술 후 입원 중에 외출하여 집에 와 있었다. 입원실 분위기
는 어땠다, 그곳에 있던 사람들은 어땠다, 그러면서 병원에서 있었던
여러 가지 에피소드를 내 뒤를 졸졸 쫓아다니며 얘기를 하더구나. 비
록 우리 둘 다 아팠지만 나도 괜찮았고 네 동생도 괜찮으니 괜히 늘뜨
고 그랬단다. 그러다 나는 잠시 방에 들어가 있었다.

　잠시 후에 무슨 소리가 나기에 거실에 나가 보니 네가 보낸 우편물
이 와 있었다. 웬일인가 싶어 열었단다. 그 속에는 네 주민등록증과 정
기예금통장이 테이프 안에 싸여 있더구나.

"아니, 얘가 왜 이런 걸 보냈지?"

갑자기 가슴이 뛰기 시작했다. 불길한 예감이 들기 시작했단다. 나는 어쩔 줄 모르고 있는데 네 동생은 기민하게 대처하더구나.

"오빠, 빨리 엄마랑 언니에게 가봐!"

전화를 받은 네 남동생이 집으로 뛰어왔다. 우리는 급히 서울역으로 가서 KTX를 타고 부산으로 출발했다.

정말이지 한순간, 한순간이 초조하기만 했단다. 당시는 네가 부산에 내려간 지도 1년이 다 되었던 때였다. 이상하게도 네가 부산에 자리를 잡은 후에 전화 통화도 제대로 되지 않더구나. 너는 전화 한 통 내게 주지 않았고 내가 전화를 해도 통화가 되지 않았다. 편지도 주고받지 못해서 한동안 얼마나 불안했던지 너는 모를 거다. 너무도 초조한 나머지 내가 부산까지 찾아갔으나 결국 만나지도 못한 채 올라오지 않았니? 그래도 네 친구가 잘 지내고 있다고 해서 그런 줄로만 알고 있었다. 그런데 네가 1천만 원이 든 통장을 집으로 보내서는 돈을 찾으라고 했고 주민등록증까지 동봉을 했으니 불길한 느낌이 들지 않을 수 없었단다. 부산으로 가는 내내 불안해서 다른 아무 생각도 할 수 없었다.

그러나 그 긴박했던 순간에도 네 남동생은 침착하게도 119에 전화를 해서 주소지를 알려 주고서는 출동을 요청했다. 그런데 문이 잠겨 있었던 모양이다. 네 동생은 다시 열쇠수리공까지 불렀다. 현관문은 보조 장치까지 잠겨 있었고, 열쇠수리공은 문을 열었고, 119 대원들은 집 안으로 들어갔다.

아, 그때 어떤 일이 있었겠니? 너는 이미 이 세상을 떠나 있었다.

119 대원들은 너를 발견하고는 급히 병원으로 옮겼으나 소용이 없었다. 이미 늦었다. 우리도 병원으로 달려갔단다. 병원에서는 네가 질식사했다고 사망진단서를 끊어 주었다.

너의 죽음을 헛되이 할 수 없다는 생각에 나는 시신 기증이나 인체조직 기증을 알아보았단다. 그러나 안 되더구나. 사전에 본인의 의사가 없이는 불가능한 일이라고 해서 어쩔 수 없이 포기했다.

내가 그렇게 하려고 했던 것은 네가 이 세상을 떠나면서 좋은 일을 하고 갈 수 있기를 바랐기 때문이란다. 그러나 그게 안 되는 상황이었다. 사람들은 어떻게 그럴 수 있느냐고 반문할지 모르겠구나. 그러나 나는 지금도 믿는단다. 네가 살아 있었다면 엄마 말에 동의했을 것이라고.

안나야, 나도 얼마 전에 각막 기증 서약서를 작성했다. 일전에 수술을 받은 후에 내 몸에 대해 다시 생각하게 되었다. 더구나 같이 일을 하던 선배 상담원 선생님께서도 각막 기증을 할 생각을 갖고 있었기 때문에 네 아버지에게 의논한 적도 있었단다. 이 한 몸 언젠가는 세상을 떠나겠지. 그때 이 지상에서 살아 움직였던 내가 세상에 남아 좋은 일을 하기를 바라는 마음이 있다. 이것은 우리가 수용할 수 있는 사회적 가치이자 문화이기에 나 혼자만의 결단이라 할 수는 없단다. 나는 그저 그런 흐름에 동참하는 것이니까 말이다.

그러나 안나야, 최근 각막 기증서에 사인하면서는 좀 달라진 점을 발견했다. 그게 뭔지 아니? 얼마 전 각막 기증서에는 너의 그림자가 있었다고 믿는다. 우리 둘이 함께 작성한 것이라 믿기 때문이란다. 나는 네 몫까지 한다는 생각을 했다. 네가 떠난 이후로는 그 어떤 일도 너와 연결되지 않은 적이 없단다.

네 동생과 둘이서 장례식장에서 밤을 새웠다. 장례식장이 어찌나 썰렁하고 슬펐던지 모르겠구나.

"답답합니다. 막막합니다. 기도도 할 수 없습니다. 하느님께 모든 것을 의탁하고 싶습니다. 모든 것은 당신 뜻이니까. 당신 안에 모든 것을 맡깁니다. 순종하겠습니다. 순명하겠습니다. 따르겠습니다. 방법은 이것밖에 없습니다. 물이 위에서 아래로 흐르듯이, 바람이 불듯이, 당신의 뜻에 따르겠습니다. 도와주십시오."

나는 기도를 드릴 수밖에 없었단다. 어떻게 이런 일이 생겼는지, 되돌릴 수만 있다면 백만 번이고 천만 번이고 되돌려야 하는 이런 일이, 어떻게 발생한 것인지 물어야 했단다.

이 상황을 도저히 받아들일 수 없었다. 그러면서도 이 상황을 받아들여야 했다. 그래, 내가 할 수 있는 것은 기도를 드리는 것, 그것 말고는 없었다. 나는 매 순간 간절하고 절박한 마음으로 기도를 드리며 순명하려고 했단다.

그 다음 날 아침 10시에 입관 예정이었다. 그런데 일찍 할 수 있다고 해서 우리는 8시 30분에 입관했다. 10시가 되니 수녀님이 봉사자 일곱 분과 함께 오셨더구나. 수녀님은 10시에 입관인 줄만 알았지 변경된 줄을 몰랐다면서 미안해하셨다. 그러나 굳이 수녀님이 미안해하실 필요는 없었다. 그저 행정적인 착오였기 때문이란다. 수녀님은 그때부터 연도기도를 해주셨다. 나는 수녀님께 연미사도 청했고 수녀님은 기꺼이 응해 주셨다.

안나야, 수녀님과 일곱 분의 봉사자, 그리고 네가 사랑했던 우리가 함께 드린 기도를 들었니?

나는 그랬을 것이라 지금도 믿어. 우리 기도가 있어 네가 그곳에서 조금이라도 안식을 얻었을 것이리라.

우리는 화장하기로 했다. 그래서 이리저리 알아보고는 화장장으로 향했다. 그곳에서 너를 보냈다. 아니다. 그게 아닐 것이다. 보냈다는 말은 내가 잘못 썼다. 비록 몸은 보냈지만 너는 영원히 나와 함께 살아가고 있는데 어떻게 너를 보낼 수 있겠니?

안나야, 우리는 그곳에서 헤어진 것이 아니지? 엄마가 남은 생을 잘 지내다가 하느님 나라로 올라가서 너를 만나기를, 너는 그곳에서도 나를 위해 기도하고 있을 것이라 믿어. 우리 이렇게 함께 여기에서도 잘 지내다가 다음 생에서도 새로운 인연으로 잘 지내자.

39년 인생을 살다간 내 딸

안나야, 1971년 9월 29일 태어난 너는 2011년 1월 4일 떠나 39년을 조금 넘게 살았구나. 3남매 중 맏이였던 너는 제일 믿음이 가는 아이였단다. 한번은 저녁때 너랑 같이 엄마 모교로 소시오 드라마를 보러 간 기억이 나는구나. 네가 초등학교 저학년 때로 기억이 된다. 동생 둘은 너무 어려서 못 데리고 갔었지.

우리가 함께 걷던 그 길 기억하니? 그때 한 할머니가 길에 앉아 껌을 팔고 계셨는데, "껌 사줄까?" 하니까 "응" 그래서 껌을 샀지.

"감사합니다. 안녕히 계세요."

네가 이렇게 예의 바르게 인사를 하니까, 할머니가 황망히 인사를 받으시더구나. 왜 이 장면이 이리 오래 기억이 될까 모르겠다. 너는 언제나 믿음이 가는 아이였고 예의 바른 아이였단다.

우리가 같이 보았던 드라마는 여대생들이 하는 것이었잖니? 내 기억으로는 네가 아마도 최연소 관람자였던 것으로 기억된다. 드라마 제목이 〈열등의식〉이었지. 그 후, 너는 학교 미술 시간에 드라마 한 장면을 그림으로 그렸지. 그림 제목도 '열등의식'으로 달았던 것 기억하니? 그 나이에 열등의식이 무슨 말인지도 몰랐을 텐데……

너는 만화를 아주 많이 보았지. 용돈만 주면 만화책을 샀으니까. 나는 그런 너를 두고 볼 수가 없어서 만화책 그만 보라고 야단을 치기도 했다. 한번은 화가 나서 그 많은 만화책을 친척에게 줘 버렸잖니? 그러나 지금 생각하니 후회가 되는구나. 아, 마음대로 보라고 할 걸.

네가 5학년 때 담임선생님께서는 정말 너를 좋아하셨단다. 지금은 성함조차 생각이 나지 않지만, 그때 이미 50대쯤 되셨던 것 같다. 아마 지금쯤을 돌아가시지 않았을까 싶구나. 내 딸을 좋아해 주는 담임선생님이 감사하면서도 한편으로는 궁금하기도 했단다.

"글을 잘 쓰고 책을 많이 보는 아이입니다."

그분은 너를 이렇게 평해 주셨다.

그분은 한 학년 아래였던 네 남동생도 언제나 반겨 주었단다. 순전히 네 남동생이란 이유만으로도 반색해 주셨으니 너를 아껴 주셔도 참

정성스럽게 아껴 주신 것 같구나. 한번은 네가 《젊은 베르테르의 슬픔》이란 책을 읽고 독후감을 썼는데 어떻게 이 나이에 이런 느낌을 쓸 수 있느냐고 감탄하셨던 것, 너도 기억하지? 오늘따라 유난히 그 선생님을 뵙고 싶구나.

6학년 때는 미혼인 여자 선생님이 담임이었지. 어느 날 장학관이 오신다고 미술 시간에 몇몇 그림 잘 그리는 아이들에게 그림을 잘 그리라고 재촉을 하셨는가 보다. 너는 담임선생님에게 한마디를 했지. 평소처럼 있는 그대로 보여 주면 되지 왜 그렇게 우리를 재촉하느냐는 듯한 말을 여러 아이 앞에서 하였나 보더라.

담임선생님은 모욕감을 느껴 어쩔 줄 몰라서 그 자리에서 그만 울고 말았다는구나. 그리고는 화가 난 채로 집으로 전화했단다. 학교로 와 달라고 해서 무슨 영문인가 싶어 갔다. 선생님은 이렇게 학생에게 무시를 당하면서까지 교직생활을 할 수 없다며 교직을 그만두겠다고 하시더구나. 그럴 수는 없다고, 죄송하다고 선생님께 빌었다. 다행히 담임선생님은 화를 접고 계속 너희들을 가르치게 되었던 것 같다.

그 사건으로 너는 스타가 되었지. 그때 학생 수가 많아 한 학년이 10개 학급도 넘었던 것으로 기억되는데, 소문이 6학년 전체로 퍼져 너는 학생들에게 일약 스타가 되었던 것 같더라. 너는 그렇게 번질 것이라고 예상도 못 했을 거고 원하지도 않았을 텐데 말이다.

　기억하니? 졸업식 날, 내가 선물을 준비해 선생님께 드리려고 하니까, 너는 직접 선물을 전해 드려야 한다면서 굳이 직접 드렸잖니? 그때 담임선생님 환한 미소가 지금도 선명히 떠오른단다. 선생님과 네가 헤어지는 모습이 참 아름다웠다.

　중학생 때는 또 어떤 일이 있었니?

　"나는 커서 조그마한 승용차를 탈거야."

　네 동생이 이렇게 말하니까 너는 이렇게 응수했지.

　"나는 제일 큰 차를 탈거야."

　당연히 네 동생은 궁금하기도 하고 지기도 싫어서 물었다.

　"그게 무슨 차인데?"

　그때 너는 이랬지.

　"버스?"

　아마도 너는 동생에게 지기 싫어서 제일 큰 차라고 했을 텐데 동생이 곧장 물으니 말문이 막히긴 했을 것 같다.

　여고 시절에 너는 엄마가 집에서 입으려고 산 티셔츠를 학교에 입고 갔지. 그때 네 모습이 지금도 생생하게 떠오른단다. 한번은 이런 일도 있었잖니? 아버지가 골프를 시작하면서 나 보고도 골프 연습장에 나가 골프를 쳐보라고 했는데, 그때 내게 골프를 치지 말라고 말했던 것 기억하니? 너는 이 일을 기억조차 못할지 모르겠다. 그때 아버지가 참 많이 서운해 하셨어. 아버지는 모처럼 아내를 위해 좋은 일을 한다고 했는데 맏딸이 그렇게 반대를 했으니 말이다.

아버지는 너를 참 사랑하셨단다.

"당신은 딸에게 잘해 주었는데 나는 잘해 준 게 아무것도 없어. 사진도, 그림도 보는 게 참 힘드네……."

네가 이 세상을 떠난 후 아버지가 내게 이러더구나.

안나야, 아버지가 비록 딸을 사랑하는 속마음을 제대로 표현하지는 못했더라도 아버지 마음을 알아주면 좋겠구나.

네가 대학도 잘 마치고 다행히 직장까지 잡아서 그때는 참 감사했단다. 특히, 첫 직장이었던 잡지사에서 첫 월급을 타서 외할머니, 이모, 할머니께 용돈을 드렸을 때, 엄마는 참 행복했단다. 자식 키운 보람도 컸고 네가 이제 사회생활을 시작하니 앞으로 한 여자로서 잘 살아갈 것이라 믿었기 때문이란다.

그때의 행복이 지속되었다면 얼마나 좋았을까?

안나야, 너는 그런 행복을 뒤로하고 떠났구나. 죽음이 끝이 아니라면 지금 너는 어디 있니? 내가 어미 노릇을 못 해 네가 그런 것 같아 미안하다. 지혜롭지 못하고 우매해서 네가 그런 것 아니니?

호랑이는 죽어서 가죽을 남기고 사람은 죽어서 이름을 남긴다고 하는데 너는 그곳으로 가면서 내게 다른 것을 남겨 주었구나. 독문과 4

년, 미대 4년, 독일에서 2년. 그 시간 동안 네가 그린 그림들이 네가 공
부하던 시간을 대신하고 있단다.

얼마 전에 이사했다. 높은 곳에서 저 멀리 하늘을 보면 네 생각이 나
는구나. 네가 있는 곳에 보다 가까워진 느낌이다.

네 측면 사진 액자가 전에 살던 곳에서는 네 방에 있었잖니? 그런데
이사한 이곳에는 네 방이 없구나. 그래서 그 사진을 안방 문갑 위에 놓
았더니 네 아버지가 그 액자가 보고 싶지 않다고 하는구나. 아버지가
얼마나 심사가 복잡하면 그랬을까 싶은 마음이 한편에 있으면서도 한
편으로는 많이 야속했다. 문갑 서랍 속에 네 사진을 넣던 날 얼마나 울
었는지 모른단다.

아버지와 엄마 정서가 이렇게 다르구나. 엄마는 너를 생각하는 슬픔
에 살지만 네 아버지는 잊는 것이 삶의 방법이고 지혜라고 생각하고
있구나. 네 아버지가 현명한 것이라고 생각한다. 내 우둔함이 나를 힘
들게 하는구나.

한때는 너에게 미움도 있었단다. 너를 사랑한 우리 모두를 떠나간
너를 껴안지 못한 채 많은 시간을 보내면서 네가 우리에게 고통을 주
었다고 생각했단다. 원망을 했었던 것이지. 그러나 네가 그린 그림을
보면서 나는 그렇게 간 너와 화해를 하고 있단다.

거실 장식장 위에는 네 소품 그림 열한 점을 놓았다. 한 점은 동생

네, 한 점은 미국 작은 외삼촌, 그리고 한 점은 엄마 친구 데레사에게 주었다. 엄마 마음으로는 거실이 네 방이라고 생각한다. 네 큰 그림들은 네 동생 방에 있단다. 네 인생에서 그림이 소중했듯이 앞으로 남은 내 인생에서도 그림이 소중할 거야. 네가 남긴 그림을 잘 돌볼게.

광인들의 배

안나야, 왜 부산이어야 했니? 왜 너는 이생의 마지막 장소로 부산을 택했던 거니? 나는 한동안 이 물음에서 헤어나올 수 없었단다. 네가 독일에서 공부를 마치고 돌아온 후에 부산에 정착하겠다고 해서 의아했단다. 왜 부산일까? 그곳에서 북카페를 해보고 싶다고 했을 때 이해가 되지 않았다. 그래도 그럴 만한 이유가 있겠거니 싶어서 돈을 좀 보탰다.

안나야, 그때는 왜 네가 부산으로 갔는지 몰랐단다. 그러나 가만히 생각해 보니 한 가지 짚이는 게 있구나. 네 인생을 말해 주는 것은 그림 못지않게 물이기도 한 것 같다.

　여의도, 강릉, 뮌헨, 부산. 네가 살았던 곳들이지. 어쩌면 그저 우연일 수 있겠지만, 모두 '물의 도시'구나. 네가 태어나 성장기를 보낸 여의도에는 한강이 흐르고, 네가 대학생활을 했던 강릉에는 드넓은 동해 바다가 펼쳐져 있었다. 네가 그림 공부를 한다며 독일로 갔을 때 체류했던 뮌헨도 항구도시였고, 네가 이생에서 마지막으로 살았던 부산도 그러하지 않니?

　너는 늘 물을 낀 곳으로 갔어.

　이번에 네 유품을 정리하면서 이상한 메모를 하나 발견했다. "바보들의 배(1494)"라는 말도 있고, "광인들의 배, 경계선 밖으로 몰아내다"라는 말도 있었다. 그리고는 한 단락 정도로 "광인들이 실존했고, 그래서 그 건강치 못한 화물을 이 도시에서 저 도시로 옮기는 선박들이 실존했다. 도시들은 광인들을 경계선 밖으로 몰아냈다. 그것은 추방, 격리, 감금, 수용"이라는 구절도 있었단다. 처음에는 무슨 말인지 몰랐다. 네가 그림 공부를 하고 있으니 15세기 말에 그려졌던 어떤 그림을 설명하는 문구 정도로만 생각했다. "광기와 예술 작품 사이의 일치라든가 상호 교환"이라는 말도 같이 있었기 때문이다.

　그러나 "물을 경계로 했다"는 말을 보고서야 비로소 뭔가 짐작되는 바가 있었다. 네 인생을 상징하는 무언가가 거기에 있다는 것을 직감

할 수 있었단다. 특히 '물'이라는 단어에는 네가 동그라미까지 쳐 두었더구나.

네가 독일에서 공부할 때 내가 보낸 편지를 다시 보았다. 그곳에 있던 한 구절을 읽으면서 마음이 너무 아려 와서 어쩔 줄 몰랐다. 심한 죄책감까지 느껴졌단다.

"어떤 공동체에서도 한두 사람은 미운 짓을 한다. 그래도 우리는 그를 버려서는 안 된다. 그 사람이 바로 잃어버린 양이기 때문이다."

나는 이 구절을 너에 대한 애정에서 썼지만 너는 달리 해석할 수도 있었겠다는 생각이 들었다. 어쩌면 너는 집안에서나 이 세상에서나 '광인들의 배'에 올라 이 항구도시에서 저 항구도시로 끝없이 옮겨지던 존재라 스스로 여겼던 것은 아니니?

"당시에 광인들은 유랑의 삶으로 내몰렸다. 그들은 걸핏하면 도시 밖으로 쫓겨났고, 상인이나 순례자 집단에 내맡겨졌거나, 그렇지 않으면 외딴 시골에서 이리저리 떠돌아다녔다. 이와 같은 관습은 특히 독일에서 널리 생겨났다. 예컨대, 1399년 프랑크푸르트에서는 발가벗고 돌아다니는 한 광인을 도시 밖으로 치우는 일이 선원들에게 맡겨졌다.…… 유럽에서 광인들의 배가 정박한 적이 없는 도시는 거의 없었을 것이다. 이 관습의 정확한 의미를 알아내기는 쉽지 않다.…… 광인들의 추방은 다른 의례적인 유배 조치 중의 하나인 것이 분명하다."

—미셸 푸코,《광기의 역사》

15세기 당시 유럽에 광인들의 배가 실존했다는 네 메모는 사실이더구나. 그 책에는 물에 대한 구절도 있었다.

"물은 실어 나를 뿐만 아니라 정화하고, 항해는 인간을 운명의 불확실성에 처하게 하며, 항해에서 각자는 자기 자신의 운명에 맡겨지고, 모든 승선은 잠재적으로 언제나 마지막 승선이게 마련이다. 광인이 물결 따라 흔들리는 작은 배를 타고 향하는 곳은 다른 세계이고, 하선할 때의 광인은 다른 세계에서 온 사람이다.…… 광인은 바로 이동과 통과의 장소에 갇히는 것이다. 광인은 외부의 내부에 놓이고 역으로 내부의 외부에 놓인다.…… 바로 여기에 물과 항해의 역할이 있다. 광인은 빠져나갈 수 없는 배에 갇혀, 여러 갈래의 지류가 있는 강, 수많은 항로가 있는 바다, 모든 것 외부의 이 엄청난 불확실성에 내맡겨진다. 광인은 가장 자유롭고 가장 개방적인 길 한가

운데에 갇혀 있는, 즉 끊임없이 이어지는 교차로에 단단히 묶여 있는 포로이다. 광인은 전형적 여행자, 다시 말해서 이동공간의 포로이다. 그래서 사람들은 광인이 자리를 잡을 때 그가 어느 지역에서 왔는지 모르듯이 광인이 닿을 지역도 알지 모른다. 광인은 그에게 속할 수 없는 두 지역 사이라는 그 불모의 영역에서만 자신의 진실과 고향을 찾을 뿐이다.…… 서양인의 꿈속에서 물과 광기는 오랫동안 서로 연결되어 있었다."

—미셸 푸코, 《광기의 역사》

유럽 역사에서 이 배가 상징하는 바가 무엇인지는 잘 모르겠다. 그러나 다음과 같은 구절은 너를 이해하는 단초를 제공해 주는 것 같구나.

"광인들의 배는 중세 말 무렵에 유럽 문화의 지평 위로 갑자기 떠오른 불안 전체를 상징한다."

—미셸 푸코, 《광기의 역사》

어쩌면, 너는 엄마 세대와 엄마 앞 세대가 가지고 있던 불안 전체를 안고 살았던 것은 아닌지 모르겠구나. 정확히는 모르겠지만 우리는 부모 세대의 불안을 껴안고 있었던 것 같다. 문제는 그런 불안을 너에게 대물림해 주는 않았는지 하는 점일 텐데, 이 점이 자신이 없구나.

그래, 이런 거창한 것이 중요한 것은 아닐 거야. 너와 내가 어떻게 어긋났는지를 말하는 것이 더 중요하다는 것을 나도 잘 알아.

내가 말했던 '잃어버린 양'은 신앙의 언어였단다. 그러나 너는 그 말을 어쩌면 '광인들의 배'로 이해했던 것은 아니었니? 엄마는 너를 사랑하는 마음을 신앙인의 시선과 언어로 표현했는데, 그것을 받아들이는 너는 이런 의도와는 달리 네 나름의 방식으로 수용했던 것 같구나.

이번에 이사하면서 책장을 정리했다. 네 남동생이 낙서한 글을 보았다.

"누나가 이 일을 겪고 우울증이 생겨서 결국 그런 일이 있었을 것이다."

커다란 충격을 받았단다.

너희들이 초등학교에 들어가기도 전에 있었던 일에 대한 이야기였다. 우리는 당시 단독주택에 살고 있었고 현관에는 계단이 있었다. 그날은 눈이 오는 날이었고 너희들은 아이들답게 들떠서 밖에 나가서 놀려고 했던 모양이다. 네가 먼저 밖에 나가 있었고 동생을 불러냈는데 급히 나오던 동생이 그만 계단에 미끄러져 콧잔등에서 피가 났다. 병원으로 실려 가서는 콧잔등을 몇 바늘이나 꿰매는 수술을 했었잖니?

　그때, 할머니가 너에게 엄청 야단을 쳤더구나. 할머니는 손자가 걱정이 되어서 그런 면도 있고 위험한데 조심하지 않고 그러는 것 때문이기도 해서 야단을 쳤던 모양인데 그 정도가 심했던 것 같다. 네 남동생은 그때 겨우 다섯 살 정도였지 않니? 그런데 지금도 그 장면을 생생하게 기억하고 있는 것을 보니, 얼마나 끔찍했던 상황이었는지 짐작이 된단다. 네 동생도 죄책감에서 자유롭지 못한가 보구나.

　너는 엄마인 내게도 30여 년 동안 한 번도 그 얘기를 한 적이 없었다. 어쩌면 너에게는 그것이 '결정적 사건'이었던 거니? 자신에 대한 근원적 믿음이 결정되는 그런 사건 말이다. 그런 거라면 왜 말을 하지 않았던 거니? 만약 우리가 이야기를 나눴다면 달라졌을 것 아니니…….

　지금에 와서야 이런 하소연을 하는 나는 정말이지 엄마 자격이 없구나. 나는 아무것도 모른 채 살았다. 어떻게 그것을 모르고 살았단 말이냐?

　엄마로서 딸인 너를 볼 때 '밝은 모습이 한 번도 없었다. 세상을 살아가기 힘든 아이다. 타고난 우울증이 있지는 않았나?' 싶은 생각을 이제야 해 본다.

　그 사건이 결정적 원인이 되었다고 섣부르게 판단할 수 없다는 것을 나도 잘 안다. 네 남동생도 자책이 되어서 그렇게 생각할 수도 있었을 것이고, 무엇보다도 네가 그 사건을 대수롭지 않게 넘겼을 수도 있기 때문이다. 동일한 상황에서도 사람마다 받아들이는 것이 다 다르다는 것도 알고 있다.

너는 '광인들의 배'를 그리지 않고 메모지에 아주 작은 아이를 그려 놓았더구나. 오른쪽 손을 머리에 대고 오른쪽 발을 들었는데, 왼쪽 발로 지탱하는 그 아이가 위태로워 보이는구나. 그 아이로 세상을 살아 왔니?

네가 열여섯 살 무렵에 좋아하는 시라면서 보낸 시가 있단다. 윤동주 시인의 〈길〉이라는 시다.

잃어버렸습니다.

무얼 어디다 잃었는지 몰라 두 손이 주머니를 더듬어 길에 나아갑니다.

돌과 돌과 돌이 끝없이 연달아 길은 돌담을 끼고 갑니다.

담은 쇠문을 굳게 닫아 길 위에 긴 그림자를 드리우고

길은 아침에서 저녁으로 저녁에서 아침으로 통했습니다.

돌담을 더듬어 눈물짓다 쳐다보면 하늘은 부끄럽게 푸릅니다.

풀 한 포기 없는 이 길을 걷는 것은 담 저쪽에 내가 남아 있는 까닭이고,

내가 사는 것은 다만 잃은 것을 찾는 까닭입니다.

당시에는 문학소녀가 한 번쯤 빠져들 수 있는 시라고만 생각했단다. 그러나 그 작은 아이를 보고서는 안나야, 심한 회한이 드는구나. 너를 키우면서 너에 대한 불편한 마음이 없지 않았단다. 우리 사이가 좋았던 것과는 별개로.

안나야, 나는 불편한 마음에만 관심이 있었지 진정으로 너에게 관심을 두긴 했었던 것일까?

잘 모르겠구나. 네가 왜 그렇게 살았는지를 한 번이라도 진지하게 생각하고 너와 대화를 나눴다면 어땠을까?

할머니는 손자를 편애하는 분이었다. 손녀딸들은 무시했다는 것을 나도 잘 안다. 그런데 안나야, 너와 네 여동생은 어떻게 그렇게 다른 것이니? 네 여동생도 할머니에게 사랑보다는 냉대를 더 많이 받았다. 한번은 그 아이가 오빠 자전거에 올라타 놀았던 모양이다. 그럴 수도 있지 않니? 그런데도 할머니는 당장 오빠 자전거에서 내려오라고 소리를 친 모양이다. 그런 상황에서 어떻게 할머니가 밉지 않을 수 있니? 아이들이라면 그런 상황에서는 자칫하면 자기 자신이 못나서 그런가 보다 생각할 수도 있을 거야. 그런데도 네 여동생은 전혀 그런 내색이 없구나. 할머니가 치매에 걸렸을 때 네 여동생이 정성스럽게 돌봐 주었단다. 할머니는 치매 상태에서 자신이 손녀딸을 구박했음을 말하면서 사과했다. 그때 네 여동생은 "구박받은 사실이 없다"고 즉석에서 대답하더구나.

　나중에 할머니 임종도 지켰던 그 아이는 할머니 임종 직전에 깨끗한 몸으로 가서야 한다고 뜨거운 수건으로 온몸을 정성스럽게 닦아 드렸단다. 마지막 가시는 길에 입을 옷도 입혀 드리더구나. 네 동생 대신엄마 아버지가 효자 효부상을 받는 부끄러움도 체험했다. 그 아이 전공이 특수교육이라 평소 경청의 자세가 상상을 초월한다고 생각한 적이 한두 번이 아니었다. 그러나 아무리 그래도 그 아이는 다르게 큰 것같구나. 똑같이 할머니에게 차별을 받으며 컸던 손녀딸이었지만, 너와달리 애교도 많았고 어리광도 부릴 줄 알았고 할머니에 대한 태도가지극정성이었기 때문이란다.

　안나야, 지금 너를 탓하는 것은 아니란다. 너와 어긋났던 세월을 돌아보는 이 어미 마음이 찢어지게 아프기만 하구나. 나는 네게 보내는편지에서 '잃어버린 양'을 언급하면서 너에게 자기 자신을 돌아보라고 했더구나.

　"돌아와야 할 탕자는 과연 누구인가? 저기 저 사람이 아니면 나 자신인가를 살펴볼 수 있다면 좋겠다."

　너는 한 번도 탕자가 아니었고 잃어버린 양도 아니었단다. 그저 내 딸이었다. 그런데도 엄마는 그런 확고한 믿음을 주지 못한 채 너에게 답답함만 호소했었구나.

안나야, 엄마를 용서해 줄 수 있겠니?

책임이 있다면 그것은 내 책임이지 네 책임은 아니란다.

자화상

안나야, 네 유품을 정리하면서 얼마나 마음이 아팠는지……. 네가 그린 그림을 보면서, 네가 적은 글을 읽으며 모녀지간에 얘기를 나눴다면 얼마나 좋았을까 싶어 회한이 들어서란다.

엄마도 '메모광'이라 불릴 정도로 많은 글을 적어 두었다. 사람들은 나를 '호기심 천국'이라 불렀단다. 나는 그만큼 오만 군데에 호기심이 있었다. 어디에서 듣건, 어떤 책에서 읽건 내 호기심을 자극하는 문장을 발견하면 나는 메모해 두었다. 우리는 각자 삶의 영역에서 글을 적어 왔는데 왜 그것들을 함께 읽으며 대화를 나누지 못했을까?

　네 동생이 뉴질랜드에서 공부할 때 네게 보낸 편지도 보았다. 겉봉투에는 "p.s. 엄마 이 편지는 자매간의 정어린 편지이므로 뜯지 않으면 좋겠어"라고 되어 있더구나. 다시 보면서도 궁금했단다. 엄마에게 알리지 않고 자매 사이에 무슨 비밀 얘기를 나누려고 겉봉투에다 그렇게 단단히 다짐을 해두었던 것일까? 이번에는 이미 뜯겨진 편지 속으로 손을 넣어서 편지를 꺼내 읽었단다. 별다른 내용은 없더구나. 동생이 뉴질랜드에서 공부하며 생활하는 일상을 자매 사이에 나눌 수 있는 그런 내용이었다.

　왜 그랬을까, 일상적인 이야기를 쓰면서 왜 엄마에게는 뜯어보지 말라고 했던 것일까? 엄마는 두 딸이 엄마, 아빠를 얼마나 사랑하는지 알게 되어 기쁘면서도 한편으로는 슬프기도 했단다.

　"아빠랑 한번 통화했는데 아빠가 많이 변했어. 돈 아깝게 왜 전화하냐고 할 줄 알았는데 그런 소리는 하나도 않고 돈 떨어지면 바로 연락하라고. 너 없어 적적하다고 그러더라. 얼마나 울었는지 수업 중에도 울음 참느라 혼났어. 집에 가면 방구석에만 있지 말고 얘기는 안 하더라도 마루에서 아빠, 엄마랑 같이 있어. 언니는 절대로 나의 애교, 어리광을 따라 할 수 없으니까 듬직하게 앉아 있기라도 해. 그래 줄 거지?"

편지의 말미에 있던 말이다. 그래, 네 동생은 애교도 많았고 어리광도 잘 피웠단다. 그러나 너는 그러질 못했다. 이번에 자작나무에서 에세이 모임을 하면서 네 얘기를 했다. 같이 작업을 하던 어떤 분이 그러더구나.

"따님은 어렸을 적부터 인생각본을 가지고 있었던 것 같습니다. 여러 차례 따님 이야기를 들으면서 일찌감치 자기 생각이 확고했던 사람이라는 것을 느꼈기 때문입니다. 어떻게 보면 자식은 부모와는 별개의 존재입니다. 부모의 영향을 받으며 크는 것은 사실이지만 부모 영향과는 별개의 존재입니다. 인간은 부모가 어떻게 자식을 대하느냐와는 무관하게 자기 이미지를 갖습니다."

안나야, 너는 어떻게 생각하니? 너는 세상을 어떻게 그려 왔니? 너 자신을 어떻게 그려 왔던 것이니?

'광인들의 배'에 대한 어지러운 낙서가 있던 메모지 앞부분에는 네스스로 '자화상'이라는 제목을 붙인 글이 있더구나.

자화상

"나는 나 자신이나 주변 환경과 주위의 사물에 흥미가 없다. 모리스 그로세에 의하면 그릴 대상이 못 된다. 그래서 이번 기회에 관찰해 보기로 한다.

우선 내면!

과거? 현재? 미래? 아무것도 없다. 내세울 것도 숨길 것도 없는 백지다. '나'는 별로 흥미를 끄는 인물이 못 된다. 뻔한 과거와 현재 비전도 물론 없고. 현실과 관련된 '나'는 앞으로도 이렇게 겨우겨우 살 것이며 출구 없는 터널에서 그냥 천천히 산책하듯이 살아갈 것이다. 지금까지 내가 이뤄 놓은 '나'를 특징짓는 무엇도 없다. 누군가의 딸이고, 누군가의 친구이고, 일정한 직업도 없으니 직업에서 나오는 독특한 개성도 없으며, 학생이라지만 뚜렷이 구분되는 학생 무리랑은 좀 별개로 ('나이 탓') 학생의 특징도 나타나지 않으며 그림을 그리고 있으나 화가도 아니다.

꿈이라도 있으면 좋은데 꿈도 없으니 한마디로 재미없는 인물이다. 배우고 보고 느끼는 것만으로도 충분히 재미를 찾을 수 있으나 딱히 뭐가 되겠다는 생각 전혀 안 한다. 뭐가 되든 별 차이 없이 나는 나일 테니까 별 소용없는 짓이다. 그저 작은 바람이 하나 있긴 한데, 그것은 60세가 되어서 시설이 썩 괜찮은 양로원에 들어가 안정을 얻었으면 좋겠다는 것.

60세면 아마도 제일 어린 양로원 노인일 게다. 가끔 재롱도 부리며
죽을 때까지 잘 지내는 꿈이 있는데 실현되기에는 조금 어려울 듯.
그렇다고 한다면…… 내면은 그만 접어 두고 외면으로 가 볼까나?
외면!

본인은 절대 알 수 없다. 사진이나 거울을 통해 본 '나'는 그리는
'나'의 눈을 통해 본 것이 아니다. 어라 꼬인다. 그럼 사회적인 외형
만 존재하는가? 누군가의 눈에 보이는 '나'는 내가 절대 알 수 없지.
거 참 어려운 주제다.

거울을 보고 있자니 우습다. 아무 생각도 느낌도 없는 모양이다. 있
긴 한데 내가 읽지를 못할지도 모른다. 요즘은 화가 많이 나 있는 상
태이다. 그러나 거울을 보니 그렇게 보이지는 않는다."

얘야, 그 젊은 나이에 양로원에 들어가 사는 게 꿈이라니? 젊은 나이
라면 인생을 한 손에 잡으려고 욕망을 품었어야 했던 것 아니니? 양로
원에 들어가야 비로소 안정을 얻는다는 게 무슨 말이니? 네가 한 번도
재롱을 피워 보지 못하고 그렇게 한 게 안타깝기만 하구나.

네가 중학생 때였던 것 같다. 동생이 어린 마음에 자살하고 싶다고
했을 때 너는 액자에 데미안의 구절을 글로 써서 동생에게 보여 주면

서 '자살은 나쁜 것'이라고 타이르곤 했단다. 그래서 나는 적어도 자살과 내 딸은 아무 상관이 없는 줄 알았다.

학교에 가면 안나 엄마라는 이유로 대접받곤 했다. 그럴 때마다 참 기분이 좋았단다. 너는 범생이 스타일이었다. 그런데 네가 그렇게 가다니? 엄마를 속이다니……. 배신을 당한 엄마 마음도 아프단다. 그래도 안나야, 한 가지 분명한 것은 있단다.

나는 너를 늘 믿었어.

애썼다, 내 딸아

안나, 잘 있지?

오늘 남양주에 있는 홍릉에 다녀왔다. 조선시대 마지막 왕과 왕비의 묘. 비가 부슬부슬하고 추운데 왕의 후손들이 그렇게 행복하지 않았다는 이야기가 오늘 날씨와 겹치면서 우울했단다.

자작나무를 통해 너와 대면할 수 있다는 것이 감사하다. 너를 생각하는 것을 피하려고만 하는 내게 슬픔 없이 만날 수 있는 마음을 갖도록 도와준다는 의미에서 감사하다.

너는 지금 무엇을 하는지 궁금하다.

참 우리 이사를 하기로 했단다. 새로운 집으로 이사하면 너의 기억이 점점 희미해지는 거라 생각하니 가슴이 막막하구나. 네가 간 이후로 푼수 없이 눈물을 낭비한단다. 자제력이 부족하고 기억력도 부족하다. 언제 너를 만날 것인지 알 수 없지만 만나면 너를 알아볼 수 있을까? 너는 그곳에서 할머니, 큰아버지, 큰엄마, 외할머니, 외할아버지, 이모, 외삼촌도 만나는지? 궁금하구나. 나는 매일 아침 너를 만나는데 (연도를 통해서)…….

네 조카가 셋이나 된단다. 우리는 생명의 부자가 되었다. 지금은 정말 아이들이 행복하게 잘 자라 주는구나. 너의 도움이라 생각하며 감사해 한다.

그래 안나야, 네가 떠난 후 나는 손자를 보았다. 네 둘째 조카는 네 생일날 태어났다. 우연일까? 나를 닮아서 목소리가 우렁차구나. 네 목소리는 그리 크지 않았는데…… 그래도 나는 그 아이를 보면 네가 다시 태어났다는 생각을 많이 하게 돼. 한 명, 두 명, 세 명. 네가 가고 세 명의 조카가 태어났다. 허전함과 막막함으로 사는 내게 얼마나 위로가 되는지 모른단다. 웃음을 주는 그 아이들이 참 사랑스럽다. 안나야, 네가 엄마에게 보내 준 선물인거지……

한번은 할머니들을 위한 프로그램이 있어 춘천에 갈 일이 있었다. 우리는 모처럼 자연을 마음껏 호흡할 수 있었다. 떠날 즈음이었던가? 단체 사진을 찍는다고 해서 모여 있었는데 잠자리 한 마리 내게 날아들더구나. 그리고는 내 손에 한참을 앉아 있다가 떠났다.

안나야, 그때 네가 왔었다는 것을 나는 안단다. 다른 사람 눈에는 보이지 않았을 거야. 너무 작아 누구도 몰라보았겠지만 난 잘 알고 있었단다. 안나, 내 딸, 네가 엄마가 보고 싶어 왔었다는 것을. 그때 얼마나 감격했던지.

훨훨 날아 저 창공으로 날아간 잠자리가 되어 훨훨 날아간 내 딸 안나야. 잘 가거라.

안나야, 신부님 강의를 듣고 죄의식에서 벗어나는 (그러나 슬픔을 함께하는) 위로를 받았다. 암처럼 신체의 아픔이나 마음의 아픔으로 떠나가는 것은 다 마찬가지라고. 그래서 너도 나도 자유롭고 싶다. 우리 함께 만나자. 슬퍼하지 않으려고, 나도 애써 본다.

정말 내가 너무 무지한 탓에 이 모든 일이 벌어졌다. 모르는 것이 너무 많다. 너에 대해서는 특히. 부디 다 잊어버리고 그곳에서 잘 지내거라. 나는 이곳에서 다음의 만남을 위해 기다릴게.

미안하다. 그리고 네가 내 딸이어서 고마웠다.

안나야, 사랑한다.

그냥 살아 주지 그랬냐? 그렇게 힘들었니? 미처 헤아리지 못한 우매함을 어떻게 해야 할지. 다시 만날 수 있을까? 꼭 만나 네 얼굴을 마주하고 얘기를 나누고 싶구나.

안나야, 네 유품을 정리하다 보니 네가 스스로에게 준 상장이 있더구나. 너는 상장 제목을 '애썼다 상'이라고 붙였고 내용은 다음과 같이 적었더구나.

"위 사람은 마지막까지 원칙을 버리지 않을 예정이므로 어느 정도 인정합니다."

그래 애썼구나, 애썼어. 39년 생애를 사느라 참 애썼다, 내 딸아.

이제는 좀 편히 쉬려무나.

순간순간 너에게 감사하며 잘 살게, 사는 동안.

만날 때까지 잘 지내.

신앙의 힘으로 살아온 세월

자작나무 에세이 모임은 참 좋은 곳이다. 나를 이야기할 수 있는 공간은 여기가 유일하기 때문이다. 가족끼리도 할 수 없는 얘기가 있다. 그런 얘기를 여기에서는 할 수 있다. 자작나무가 내게는 커다란 위로이다. 딸을 그렇게 먼저 보낸 어미가 무슨 자격이 있을까마는, 그래도 살아온 세월을 조금이라도 말해 보고 싶다.

보헤미안 인생

얼마 전에 도슨트 교육을 받았다. 70대 나이인데도 말이다. 보다 못한 막내딸이 한마디했다. "엄마 이제 편히 지내세요." 엄마가 걱정되어 그렇게 타박하는 줄 알면서도, 나는 멈출 수가 없다. 어쩔 수 없다. 나는 역마살이 낀 사람이다. 계속 이곳저곳 발을 들여놓고 살 수밖에 없다.

좀 아프다. 그러나 아프다는 얘기를 집에서 하지 않는다. 아무리 그래도 자면서 앓는 모양이다. 그렇게 다 드러난다. 남편도 그런 내 모습에 힘들어하는 눈치이다. 남편은 '방콕' 스타일이라 밖으로 나가는 나를 이해하기 힘들어한다. 그러나 나는 집에 있으면 더 힘들다. 관심을 분산시키는 것이 오히려 낫다. 이것이 내가 집 밖에서 지내는 시간이 많은 이유인 것은 맞지만, 긴 인생을 돌아보면 어렸을 적부터 형성된 것이 더 근원적인 것 같다.

자라면서 '너는 아버지를 닮아서 융통성이 없다'는 엄마의 나무람을 받았다. 내가 생각해도 내 자신이 답답했다. 엄마 말처럼, 융통성이 없다는 점에서 나는 아버지와 서로 닮았다. 아버지는 학자처럼 종중 일을 하셨다. 아버지는 '고집불통이었고 외골수'였다. 아버지 인생을 이렇게 평가하는 것이 온당한지는 모르겠으나 굳이 이러는 것은, 내 스스로 나를 '고집불통이고 외골수'라고 보고 있는데, 이런 나의 모습은 아버지로부터 온 것 같기 때문이다.

나는 보헤미안
끊임없이 밖에서 무언가를 구하려 하는
무언가를 보고 경험하고 느끼고 싶어 하는
나는 보헤미안

만 5세 때 큰 오빠가 전사했다. 6·25 때 학도병으로 전쟁에 나갔다가 살아 돌아오지 못한 것이다. 아들을 잃은 어머니 고통은 극심했다. 어머니는 아들의 죽음을 인정하지 않았다. 점, 굿 등에 의존해 아들의 생존을 믿으려 했다. 아마도 아들 시신을 직접 보지 못하셨기 때문인 것 같다. 엄마는 내가 고 1 때 서울에 와서야 국립묘지(전 국군묘지)에서 아들 묘소를 본 이후 점과 굿에서 해방되었다.

엄마야 그렇다 해도, 나는 당시 겨우 다섯 살이었다. 오빠 얼굴을 기억조차 하지 못하는 그 꼬마에게도 이후 인생에서 오빠는 깊이 연루되었다. 이상하게도 어려서 오빠가 살아온다면 벌거벗고 기차 정류장까지 뛰어갈 수 있다는 생각을 하기도 했다. 70이 넘은 지금도 꽃을 보면 국립묘지에 간다. 99송이 꽃을 사서 들고 오빠 국립묘지 근처, 근처 묘지에 일일이 놓아둔다.

오빠에게 드리는 기도문

지금은 태양 볕이 내리쬐는 낮 2시 23분. 현충원 오빠의 묘소입니다. 얼마쯤 더 올 수 있을까? 그것은 당신만이 아실 겁니다.

내가 간 뒤에도 현충일과 기일(9월 30일)에는 묘소를 찾을 사람이 있어야 할 텐데 오빠의 유족은 없답니다. 오빠는 결혼도 안 한 채 6·25에 학도병으로 참전했다가 전사하였기에 부모님만 유족이었습니다. 그러나 이제 부모님도 다 돌아가시고 오빠의 형제자매 중 언니, 오빠는 돌아가시고 작은 오빠는 미국에 계시니 서울에는 저 혼자입니다.
제 아이들은 외삼촌 얼굴조차 모릅니다. 외삼촌이 나라를 위해 목숨
을 바쳤는데도 말이죠. 제 아이들에게 성묘를 부탁하고 싶습니다.
요즘도 저는 미국에서 오빠가 서울에 오시면 함께 현충원에 옵니다.
오빠가 전사했을 때 저는 겨우 다섯 살이었습니다. 그러나 그 후 저
는 줄곧 어머니의 피눈물을 보아 왔습니다. 그런데 어찌 된 일인지,
저도 얼마 전에 큰딸을 잃고 피눈물을 흘리고 있습니다.
한 번 태어나고 한 번 가는데, 라는 큰마음으로 받아들이려 합니다.
오는 데는 순서가 있지만 가는 데는 순서가 없다는 진리. 다소 혼란
과 혼돈이 있지만 받아들이려 합니다.
그곳에 있는 당신 조카, 내 딸아이, 우리 안나를 잘 지켜 주소서.
오빠, 많이 힘들지만 어머니도 견디셨듯이 저도 잘 견디려 노력합
니다.
매일 연도 안에 오빠를 만납니다.
영원한 안식을 청합니다.

못난 여동생 드림

수녀의 길이 좌절되고, 새로운 인생을 시작했다

나는 서울에서 주경야독하

고 가톨릭에 입문하여 고 2 때 영세를 받았다. 대학을 갈 수 있었던 것은 수녀가 되려는 일념이 있었기 때문이다. 당시 대학에 진학해야 훌륭한 수녀가 되리라 생각했다. 나는 10대 시절에 6년을 언니의 가게에서 일하며 학교에 다니면서도 한 번도 수녀가 된다는 사실을 의심해 본 적이 없었다. 외골수적 기질이 있었던 나는 드디어, 졸업 후 수녀원에 입회했다.

그러나 가톨릭 신자가 아닌 가족의 반대가 심했다. 자라면서 한 번도 부모님께 맞은 적이 없었지만 수녀원에서 끌려와서는 엄마에게 머리채를 잡혔다. 엄마는 너무도 놀라셨던지 '어미 노릇을 못 해서' 라며 자책을 하셨다. 그러나 늘 내가 옳다고 해주셨던 아버지는 당시 한 마디도 하지 못하셨다. 그 후 한 번 더 수녀원에 들어갔으나 역시 끌려 나왔다. 수녀의 길을 포기해야 했다.

그 후, 잡지사 편집부에 1년여 다니다 결혼하여 1남 2녀를 두고 지금에 이르렀다. 30여 년 동안 전화 상담(자원봉사)을 하면서 그 당시 탁아모 교육을 받고 놀이방을 개원하기도 했다. 그러나 남편 반대로 그만두고 후배가 내 대신 10여 년 놀이방을 운영했다.

40대 중반에는 힘든 일이 많았다. 누구나 중년에는 위기감을 느낀다고 하는데 나도 그랬던 것 같다. 그 시절에는 일기에 기도문을 쓰면서 내 스스로를 다스리곤 했다.

하느님

답답합니다. 미칠 것 같습니다. 당신은 제게 이렇게 큰 시련이 필요하다고 보십니까? 제가 너무나 그동안 오만했고 당신을 가까이하지 않은 연유인지요?

자식을 키우는 데 부모가 모범을 보이면 된다고 생각했습니다. 최소한 저희 내외는 자식들 앞에 크게 어긋나지 않는 부모였다고 생각했습니다. 그러나 자식의 길은 부모의 마음과는 전혀 맞질 않습니다. 한계를 느낍니다. 운명을 느낍니다.

자식을 어떻게 키워야 할지 전혀 감이 잡히질 않습니다. 세상살이가 이렇게 힘든데 세상은 어떻게 살 만한 가치가 있는지 의심스럽습니다. 죽고 싶은 심정입니다. 무엇이라도 매달리고 싶습니다. 한 가닥 가느다란 줄이라도 잡고 싶습니다. 두렵습니다. 암담합니다. 빛을 주십시오. 이 참담함을 감당해야 할 자신이 없습니다.

하느님 도와주십시오. 과연 제 운명은 어디로 흐르고 있는지 답답합니다. 당신에게 기도할 수 있는 마음도 없습니다. 내 자식을 어떤 기준으로 보아야 할지도 모르겠습니다. 절망적일 뿐입니다. 이것이 내 운명이라면 순응해야겠죠. 그것이 자연의 섭리가 아니겠습니까? 그러나 너무도 답답합니다. 희망이 보이질 않습니다. 그러나 앞을 향해 나아가야 합니다. 헤매겠죠. 넘어지겠죠. 피가 나겠죠. 상처투성이겠죠. 웃음거리이겠죠. 자신이 싫어지겠죠. 세상이 싫어지겠죠. 이 끄적거림이 위로가 될까 하여 끄적거려 봅니다.

하느님 제 넋두리 다 들으셨죠? 도와주세요. 당신의 착한 자녀이고 싶습니다. 길을 보여 주세요. 따르겠습니다. 하느님 무슨 말을 해야 할지도 전혀 정리가 안 됩니다. 이렇게 많은 이들이 서로 다른 고통을 당신에게 얘기하겠죠. 그렇다면 제 고통도 당신의 십자가에 비하면 아주 미약한 것일까요?

그러나 도와주세요. 힘이 없습니다. 도와주세요.

—1990년 5월 기도문(1)

하느님

잠 못 이루는 밤입니다. 과연 나는 어떤 가치관을 갖고 세상에 대처해야 할지? 자식에 대한 나의 확고한 태도는 어떤 것이 바람직한지 아연할 뿐입니다. 최선을 다해 정중한 태도를 보인 상대방으로부터 절망감을 느낄 때 과연 나의 허점은 무엇이었는지 정말 세상 살기란 어렵습니다.

하느님을 찾는 것은 기쁠 때보다 덤덤할 때보다 절망적일 때인 것 같습니다. 이 아이는 아직도 들어오고 있질 않답니다. 정말 저 자신이 역부족을 느낍니다. 어떻게 해야 하는 것이 저의 태도인지 저도 모르고 있습니다.

이런 것이 세상사는 모습일까요? 거북이의 모습이 아름답습니다. 제가 깨어 있으면 거북이도 깨어 움직입니다. 제게 위로가 되어 줍니다. 음악도 제게 위로가 되어 줍니다. 그러나 나의 자식은 고통입니다. 태어날 때의 울음처럼 제겐 고통입니다. 하느님 당신을 사랑하기도 힘듭니다. 당신에게 저도 고통일 뿐이겠죠. 어떤 할아버지의 "살펴 가십시오"처럼 따뜻한 세상을 살고 싶습니다.

오아시스처럼 가끔의 행운을 바라보며 우리는 살아가는 것이 아니죠? 하느님 이제 담담해지고 싶습니다. 세상은 다 그런 것이라고 '초월이'가 되고 싶습니다. 선배가 불러 준 별명처럼 '초월이'가 되고 싶습니다.

정말이지 '초월이'가 되렵니다.

—1990년 5월 기도문(2)

기도문을 쓸 수 없을 때는 일기에 뭐라도 썼다. 새벽에 잠들 수 없을 때는 일기장을 펴놓고 생각을 적어 내려갔다. 왜 그때는 그렇게 힘들었는지 모르겠다.

어느 새벽에 잠 못 이룬 채 쓴 일기

새벽 아니 아침 3시 넘어 눈을 뜨게 되고 일어나게 된다. 아침 방송을 들으며 아침부터 허탈감, 무상함을 느끼는 것은 나이 탓일까? 아니면 친구의 죽음을 당한 때문일까? 살아야 할 날들이 산 날보다 얼마 남지 않은 나의 연륜. 그러나 나는 무엇을 하며 지금까지 살았나? 허망할 따름이다. 앞으로는 어떻게 허망하지 않게 살 수 있을까? 따뜻하게 그리고 여유로움 속에 웃으며 살고 싶다. 하느님을 보다 가까이 체험하며 살 수는 없을까?

　　　　　　　　　　　　—1991년 5월 30일(목) 새벽 1시 54분

　최근 이런 기록을 다시 들춰 볼 수 있었다. 한평생이 이렇게 간단치 않았을까? 이제는 자식까지 먼저 보냈다. 나 스스로 내 자신을 어떻게 말해야 할지 모를 때가 많다. 요즘도 정기적으로 미사를 드린다. 그럴 때마다 하느님에게 간절히 기도를 한다.

　하느님

저 행복한 삶이고 싶어요. 도와주세요.

제가 어떠한 처지에서도 당신께 감사하고 행복할 수 있는 마인드를 갖고 굳건하게 살게 해주세요.

이것이 죽음을 향한 웰빙 웰다잉이기도 하구요.

나이가 들면서 나이의 무게만큼 고락이 함께합니다.

부정적으로 바라보면 제 삶을 지탱하기 힘듭니다.

허나 제가 긍정적으로 살아갈 수 있는 힘 사랑을 당신으로부터 받을 수 있다면 기쁘고 감사하게 당신을 찬미하며 살 수 있을 것 같습니다.

크리스마스트리에 매달린 전구 하나하나가 우리의 상징. 당신은 우리 하나 하나에게 희망을 등불을 밝히신다는 의미로 느껴집니다.

—2009년 4월 27일(월) 밤 12시 30분

신앙인의 삶

나는 평생 신앙인으로 하느님의 뜻에 따라 살아가려고 노력해 왔다. 다른 사람 일에 커다란 관심이 있고 도움의 손길을 주는 데에 주저함이 없다. 어떨 때는 남 걱정 들어주는 팔자라는 생각도 들지만 그래도 괜찮다. 가톨릭 신앙에서는 주변, 이웃에 관심을 가져야 한다고 본다. 성인군자라서가 아니었다. 내 목숨 지키면서 사는 길은 그것밖에 없었기 때문이다. 고아를 돌보는 것이 자기를 돌보는 것과 같았던 테레사 수녀처럼, 결국 신앙인의 삶은 나를 위한 것이었다는 점을 인정한다. 그러나 이것조차 신앙인의 삶이었기 때문에 가능하지는 않았을까? 6·25 때 월남해서 부산에서 살았던 장기려 박사는 평생 베푸는 삶을 살았는데, 장기려 박사는 만약 부산에서 베풀고 살면 그것이 이북에 있는 가족들도 누군가의 베풂으로 사는 것이라 믿었다고 한다.

내 가치관은 여전히 확고하다. 나는 신앙 안에서 살아왔으며 앞으로도 그럴 것이며, 마침내 신앙 안에서 죽을 것이다.

얼마 전에 새로 이사했다. 주변 일대가 마치 어릴 적 시골과 같다. 고향을 떠난 지도 50여 년이 넘었는데, 이제야 비로소 어릴 적 다정했던 곳에 정착하게 되었다. 생애를 마감할 수 있는 곳을 찾았다는 안도감이 든다. 이제 삶도 죽음도 한 연장선상에서 가고 있다는 느낌이다. 언제든 떠날 수 있는 마음으로 편안한 마음을 갖고 있다. 떠날 때는 각막을 기증하려고 기증서를 제출하였다. 그리고 사전 지시서를 작성해서 자연사(존엄사)를 할 수 있도록 할 것이다. 태어나서 감사했고 인연 맺었던 모든 이에게 감사한 마음을 전하면서 편안한 여행을 하고 싶다.

이제 내 인생을 돌아보며 '한 편의 기도문'으로 이 글을 마친다.

한 편의 기도문

참으로 열심히 살아왔다고 생각했는데 행, 불행은 비례하지 않나 봅니다.

결혼한 지 43년이 되었습니다.

1남 2녀를 두고 우리는 모두 최선을 다해 살아왔는데 노년이 된 지금 너무도 혹독한 십자가를 메고 있습니다.

다 운명인가 봅니다.

순명해야죠.

그런데 그게 잘 안 되어서 힘들어하고 있습니다.

모두 제가 부족해서입니다.

세상이 그렇게 녹록지 않은데 말입니다.

잘 마무리하고 제가 먼저 가고 싶은데 어떻게 흘러갈지 알 수 없군요.

행복한 미소를 짓고 떠나고 싶은데 이렇게 힘이 드는군요.

곁에 있는 사람의 의연한 모습 고맙고 눈물이 납니다.

이 모든 것들을 견딜 수 있게 해주셔서 감사합니다.

에필로그
자작나무가 세상에 보내는 편지

이 글은 자작나무 2013년 하반기 관계회복 캠프 때 에세이 모임에 참여했던 분이 발표한 소감문입니다. 우리는 말할 수 없는 것에 대해서는 침묵해야 합니다. 그러나 말할 수 있는 것에 대해서는 말해야 합니다. 고인들도 우리가 지금 여기에서 잘 살다가 먼 훗날 그곳에서 다시 만나기를 바랄 것이라 믿습니다. 말해야 할 것을 말하지 못하는 자살유가족 분들에게 자작나무에서 한 통의 편지를 보냅니다. 뜯어보세요. 그리고 말을 하기 시작하세요. (편집자 주)

안녕하세요?

저는 올해 초에 자작나무에서 추천하는 에세이 작업을 하게 되었어요. 나의 역사를 쓰는 작업인데요, 처음에는 저의 대단치 않은 역사를 말하거나 쓴다는 것이 싫었어요. 그런데 유가족을 위한 프로그램이니깐, 혹시 도움이 되지 않을까 하는 기대와 호기심으로 참여하기로 했습니다. 저는 다른 사람보다 조금 늦게 3회차부터 했습니다.

나의 역사는 자기 나름대로 유년기, 청소년기 등 연대기를 구분해서 태어나고 자라면서 지금까지 존재한 모든 것 중 느낌이 강한 것을 발표하게 되었어요.

하지만 그 과정은 쉽지 않았습니다. 딸을 먼저 보낸 제 자신이 제일 비참하고, 불행하다고 느껴져 뒤돌아 나 자신을 바라보기가 싫었거든요. 제 삶의 모든 것이 후회스럽고, 고통스러워서 역사 작업을 그만두고 싶어지더라고요. 삶의 결과가 좋지 않았으니까요.

지금까지의 삶이 사랑받고 인정받았다기보다는 희생하고, 나 자신을 죽이면서 참고 살아왔다 느껴지면서 참을 수 없는 분노를 느꼈어요. 어릴 적 꿈 많던 소녀의 감성은 어디로 갔는지? 삶의 틈바구니에서 이리 치이고 저리 치이며 숨죽이며 살았는데, 보람도 없이 가장 소중한 보물을 잃었으니까요.

생각조차 하기 싫어서 써야 할 숙제를 미루고 미루다 수업하기 전날 밤이나 당일 날 대충 정리하거나 아예 안 쓰고 구두로만 발표하기도 했어요.

그런데 다른 사람 발표를 들으면서는 좀 다르더군요. 얘기를 들으면서 용기를 낼 수 있었거든요. 저는 다시 쓸 수 있게 되었고, 속상했던 기억들을 정리하며 나를 위로하게 되었습니다.

"열심히 살았구나."

"많이 힘들었겠구나."

"맘고생 많이 했네."

이런 생각이 들면서 나라도 챙겨 주고 예뻐해야겠다는 마음이 생겼어요. 죽으면 끝나는 짧은 인생 나 자신을 위해서 살아야겠다는 생각이 들고, 이 세상에서 내가 제일 중요하다는 생각도 들었어요.

"앞으로 남은 인생 즐겁고, 행복하게 살아야지. 나 자신을 위해서 하늘에 있는 딸을 위해서. 내 가족을 위해서 내 자신이 행복해야겠다."

이번 에세이 작업은 나의 역사를 쓰면서 끝났고, 그다음은 동무들의 매력을 찾아 발표하는 시간이었어요. 그동안 내가 살아온 이야기를 했는데, 매력 시간에는 같이 작업을 한 사람들이 내가 살아온 세월에 대해 얘기해 주는 시간이었어요.

매력은 뛰어나고, 아름답고, 긍정적인 것보다 지금까지 그 사람을 지탱해 주었던 고집, 아집 등 못난 매력을 찾아내는 거였어요. 아픔을 딛고 돋아난 새살 같은 매력을 서로 알려 주는 시간이었어요. 한 사람을 두고, 여러 사람이 발표하는 매력은 정말 비슷하더라고요. 못난 매력이지만 자신만이 가지고 있는, 그리고 지금까지 자신을 지탱해 왔던 것을 승화시켜 주는 시간이었어요.

매력 작업이 끝난 후에 우리는 '다시 쓰는 나의 역사' 를 하게 되었어요. 이 자리는 초청 행사로 진행되었는데요, 각자 나의 역사를 들어줄 사람을 초청해서 발표하는 형식이었습니다. 이 행사의 명칭은 '화양연화'였습니다. 작가 김형경 선생님도 참석해서 자리를 빛내 주었습니다. 그리고 밴드 '게으른 농부'도 참여해서 힘을 주는 노래를 불러 주었습니다. 서울시자살예방센터 직원들도 끝날 때까지 자리를 지켜 주었습니다.

그것은 마치 다과회 파티를 하는 분위기로 새로운 탄생을 축하해 주는 자리였어요. 발표 순서가 되어 한 사람 한 사람 무대에 서면 미리 준비한 꽃을 받았습니다. 이번 모임을 주관했던 자작나무에서도 꽃을 주었고 초청받은 분들도 꽃을 선물해 주었습니다.

가슴에 꽃을 달고 무대에 올랐다? 처음으로 받아본 것 같은 커다랗고 아름다운 꽃을 받고 기분이 좋았어요. 저를 소중하게 여겨 주는 것 같았거든요.

나를 누르고 있는 짐들, 아픈 기억, 자책, 의무감 등 버릴 것은 버리고 철없는 사람처럼 나 자신을 위해서 살아야겠다. 이런 생각이 저절로 들었답니다.

이것만이 아니었습니다. 뒹굴뒹굴 집 안 어지러운 채로, 음악이나 듣고, 전화 통화도 하고, 내가 좋아하는 일에 몰두해 보고도 싶었어요. 하루쯤 굶어도 보고, 몸과 마음을 비워도 보고, 가족의 눈치도 남 눈치도 보지 않고 나를 배려하고 싶어지기도 했습니다.

"내가 무얼 좋아했더라?"

"내가 뭘 하고 싶어 했더라?"

"뭐가 가지고 싶었지?"

잃었던 소녀의 감성을 찾은 느낌도 들었어요.

제 안의 작은 소리에 귀 기울이며 나를 사랑하는 것이 가족의 행복을 바라는 딸이 하늘에서 편히 쉬게 하는 것이고, 남아 있는 가족들이 마음의 평안을 찾는 것이라 생각하며 발표했어요.

이런 생각은 딸이 저에게 주고 간 선물이었습니다.

내 딸은 엄마가 행복하기를 바라는 딸로 영원히 내 마음에 살아 있을 겁니다. 그리고 저 하늘서 별이 되어 우리 가족을 지켜 주고 있을 것이라 믿습니다.

사랑하는 사람을 먼저 보낸 네 사람의 이야기

- ◉ 2014년 12월 29일 초판 1쇄 발행
- ◉ 2016년 4월 26일 초판 2쇄 발행
- ◉ 글쓴이   서울시자살예방센터 자작나무 에세이 모임
- ◉ 기획·진행   이영남
- ◉ 발행인   박혜숙
- ◉ 책임편집   신상미
- ◉ 디자인   조현주
- ◉ 영업·제작   변재원
- ◉ 인쇄   정민인쇄
- ◉ 제본   정민문화사
- ◉ 종이   화인페이퍼
- ◉ 펴낸곳 도서출판 푸른역사
           우 03044 서울시 종로구 자하문로8길 13
           전화: 02)720-8921(편집부) 02)720-8920(영업부)
           팩스: 02)720-9887
           전자우편: 2013history@naver.com
           등록: 1997년 2월 14일 제13-483호

ⓒ 푸른역사, 2016

ISBN   979-11-5612-034-6 03900